HOMENAJE A
MIGUEL HERNÁNDEZ
EN SU CENTENARIO
(1910 – 2010)

Maricel Mayor Marsán
Editora

HOMENAJE A
MIGUEL HERNÁNDEZ
EN SU CENTENARIO
(1910 – 2010)

EDICIONES
BAQUIANA

Primera edición: junio de 2010

Publicado por:
Ediciones Baquiana
P. O. Box 521108
Miami, Florida. 33152-1108
Estados Unidos de América

Correo electrónico: info@baquiana.com
Dirección virtual: **http:// www.baquiana.com/ediciones**

ISBN-13 dígitos: 978-0-9823917-8-5
ISBN-10 dígitos: 0-9823917-8-1

Impreso en los Estados Unidos de América
Printed in the United States of America

Mis agradecimientos para

María del Valle Hernández,
*directora del CCE de Miami (2004-2010),
por su apoyo, entusiasmo y profesionalismo
desde el comienzo de este libro.*

Aitor L. Larrabide Achútegui,
*asesor de la Fundación Cultural Miguel Hernández
(Orihuela, Alicante, España),
por todas sus valiosas observaciones y ayuda
durante el proceso de gestación del libro.*

**Manuel Roberto Leonis Ruiz,
Francisco Javier Catalán Eugenio
y José Luis Zerón Huguet,**
*poetas oriolanos y amigos entrañables, quienes
me han mantenido al tanto, a través de los años,
de todo lo concerniente al imaginario hernandiano,
así como a detalles sobre su vida, los proyectos de la
FCMH y el acontecer literario en la ciudad de Orihuela.*

MIGUEL HERNÁNDEZ: RUISEÑOR DE LAS DESDICHAS

(Prólogo)

La primera vez que visité la ciudad de Alicante y sus alrededores fue hace muchos años, a principios de la década de los setenta. Venía de Murcia, en medio de un recorrido por toda la península ibérica. Mi curiosidad y el amor por la poesía me hicieron inquirir acerca de la vida e historia del poeta Miguel Hernández, quien había nacido y vivido en la ciudad de Orihuela, muy cerca de donde me encontraba. En aquel momento, las respuestas no fueron concretas y se redujeron a simples monosílabos. No era de extrañar, todavía gobernaba en España el Generalísimo Francisco Franco Bahamonde, por lo que todo lo relacionado con el tema de la Guerra Civil y los enemigos del régimen se trataba con mucho cuidado, si es que se lograba abordar el tema. La mayoría de las personas no solían hablar del asunto en la pequeña ciudad levantina, pese a que los libros del poeta circulaban por toda España desde la década de los cincuenta, al igual que muchos académicos escribían sobre su obra y el cantautor Joan Manuel Serrat lo puso de moda en aquella época, al utilizar los versos del poeta en algunas de sus canciones. Obviamente, la visita fue muy breve. No había mucho que indagar.

En el año 1999 regresé al área del Levante con la disposición de aclarar, de una vez y por todas, mucho de los interrogantes que no había logrado disipar años atrás. El motor impulsor de esta visita fue mi ex alumna y amiga oriolana, Mara Leonís Ruiz, quien me invitó a pasar unos días en casa de su familia y a conocer personalmente a su hermano, el poeta Manuel Roberto Leonís Ruiz. En esa oportunidad, acompañada de mi esposo y de mis amigos oriolanos, descubrí muchos aspectos de la vida y obra de Miguel Hernández que desconocía. Visité la recién habilitada Casa Museo del poeta que estaba abierta para el público y me puse al tanto del creciente quehacer cultural de la ciudad y del gran interés de la *Generalitat Valenciana* para promover la figura de este oriolano universal.

A diferencia de mi primer viaje en la primavera de 1971, en mi segundo viaje no encontré a ningún habitante que no me supiera indicar donde estaba localizada la casa del poeta. "Calle Arriba", todos respondían. La pequeña calle se encuentra casi al final de un callejón donde desembocan varias callejuelas estrechas. Al frente de la casa, a unos metros de distancia, se encuentra el famoso Colegio e Iglesia de Santo Domingo, lugar donde estudió Miguel Hernández. La casa fue restaurada en el año 1985 por medio de una subvención de la Fundación del Banco Exterior de España y del Banco de Alicante. El inmueble es una casa pequeña, típica de principios del siglo XX, con un pequeño corral para las cabras y un pequeño huerto en la ladera de la sierra, la cual queda justamente detrás del patio.

La Fundación Cultural Miguel Hernández conserva el museo, tratando de mantener viva la imagen del poeta, junto a los muebles, fotos y enseres personales del mismo. Por años, la casa se mantuvo en muy mal estado; casi ruinoso. El poeta vivió en dicha casa con sus padres y hermanos desde temprana edad. Luego, la familia siguió viviendo en la misma cuando él se fue a vivir a Madrid, pero tras su encarcelamiento y posterior fallecimiento, algunos familiares se marcharon a vivir a Elche, entre ellos su esposa e hijo pequeño, porque no soportaban la presión y los conflictos que les rodeaban.

Por mucho tiempo, cualquier cosa relacionada con el poeta era considerada un tema tabú y se veía mal cualquier manifestación de estudio, análisis o exaltación de la obra del mismo. Incluso, algunos profesores de esa localidad perdieron sus trabajos por utilizar versos del poeta en sus clases. Después de la muerte de Franco la situación comenzó a cambiar gradualmente. En la actualidad, los oriolanos conocen a plenitud el legado de Miguel Hernández. Se le hacen homenajes, su poesía se lee, se estudia y es parte del patrimonio cultural de la ciudad.

En el año 2002, en otro de mis viajes, conocí a Juan José Sánchez Balaguer, cuando apenas se inauguraba como nuevo director de la Fundación Cultural Miguel Hernández. Desde esa fecha hasta el presente, la FCMH ha desarrollado una labor contundente y de expansión para promover la imagen del poeta, a nivel nacional e internacional. Entre los innumerables proyectos que ha llevado a cabo la FCMH, cabe destacar el II Congreso Hernandiano del año 2003, con la participación de muchos especialistas en el tema de todas partes del mundo, así como las celebraciones del centenario del poeta y el III Congreso Hernandiano del año 2010.

En mayo del año 2009, Aitor L. Larrabide, asesor de la FCMH, me preguntó en uno de sus correos electrónicos si la directiva de la Revista Literaria Baquiana pensaba dedicar un número monográfico a Miguel Hernández en su centenario. Aunque era una buena idea, le dije que les comentaría su sugerencia a los otros miembros de la revista y que lo pensaría. Después de varios meses y algunas consultas previas, le contesté que en vez de hacer una monografía, pensaba hacer un libro, a manera de homenaje, con la participación de cincuenta creadores residentes en diversas áreas de la geografía norteamericana.

Para mi sorpresa, durante el proceso de invitación de los participantes de este libro, descubrí que Miguel Hernández cuenta con muchos seguidores en Norteamérica, más de lo que yo imaginaba. Y, a pesar, de que en los Estados Unidos sus libros no cuentan con muchas traducciones y que su poesía se ha difundido casi exclusivamente en el ambiente académico, son muchas las personas que lo han leído. Esto se debe a que muchos norteamericanos de origen hispano conocen su obra porque lo estudiaron o leyeron en sus respectivos países.

Si existe un poeta que no pasa de moda, ese es Miguel Hernández. Consciente de sus desventajas en la vida, su poesía es un reflejo de su breve y triste paso por la misma porque se dedicó a cantarlas magistralmente en sus poemas, una a una. Por esa razón, muchos lectores se identifican con su sed de amor, justicia y libertad. Nada humano le era ajeno. Tal y como él se autodenominó en uno de sus versos, se convirtió en un *ruiseñor de las desdichas*. Y me pregunto: ¿quién está exento de desdichas?

Después de un año de compilar el material que me propuse para crear este libro, el resultado es una muestra de poesía, narrativa testimonial, fotografía, dibujo, acuarela y escultura en torno a la obra poética de Miguel Hernández. Los géneros artísticos, métodos y estilos son disímiles, al igual que el origen nacional y los lugares de residencia de cada uno de los participantes dentro del territorio norteamericano, pero sí muy representativos de la variedad creativa actual en los Estados Unidos. Lo más importante que tiene el libro es que todos los creadores que participan coinciden en varios aspectos: la admiración que sienten por la obra del bardo oriolano, la emoción que les inspira su poesía, la habilidad de conectarse con los versos del poeta a la hora de llevar a cabo su propia creación y el deseo genuino de sumarse a este modesto homenaje.

Maricel Mayor Marsán

CINCUENTA CREADORES

Alberto Roblest nació en México, D.F. Poeta, narrador, crítico literario, productor de videos culturales y profesor de literatura. Es autor de los libros de poesía: *De la Ciudad y otras pequeñeces, Chicaneando, Del Silencio en las Ciudades, Ortografía para piromaniacos;* y de las *plaquettes*: *El Futuro y los Anillos, Las Andanzas del Huy Huy Huy* y *el Chichicaxtle con su ñero*. Sus reseñas, crónicas, cuentos y poemas se han publicado en diferentes revistas y suplementos de México, EE.UU. y América Latina. Así mismo, es autor de unos 30 videos de arte que han sido expuestos en diferentes museos, galerías y festivales de México, Europa y los Estados Unidos, tales como: Los Angeles International Latino Film Festival, Zebra Poetry Film Festival Alemania, Sadho Poetry Film Festival en India, Festival Internacional de Cine Uruguay, el Museo de Arte Moderno de la Ciudad de México y MTV España, entre otros. Como productor de videos culturales, resultó ganador de la Primera Bienal de Yucatán, del premio "Bichito de Oro" en el *Festival Geografías Suaves*, del premio del público en el *Boston Underground Film and Video Festival* y del premio a lo mejor de la categoría innovación del USA-Northeast Video Festival, además de la beca jóvenes creadores del FONCA de México y la beca del Washington, D.C. Commission on the Arts and Humanities, entre otras distinciones. Reside en Washington, D.C.

MI PADRE

> *Dos especies de manos se enfrentan en la vida,*
> *brotan del corazón, irrumpen por los brazos*
> *saltan, y desembocan sobre la luz herida*
> *a golpes, a zarpazos.*
> **"Las manos" – Miguel Hernández**

Mi padre fue un boxeador
subido en el *ring* nunca dio tregua
y aguantó los quince *rounds* obligatorios de pie
sin caerse / ni bajar la guardia
      estoico al fin
soportó uno a uno los golpes de sus adversarios
los golpes bajos del referí
y las risas burlonas
de quienes lo vieron moverse entre las cuerdas
sangró / arrojó el buche
      su parte débil: el hígado
los ojos / el alma / su visión del mundo.

Así se ganó la vida / y la gloria
de mas de un puñado   un puño   con toda el alma
gancho / *uppercut* / *jab* / uno-dos-tres   giro   flexión.

Irreconocible bajó a la oscuridad
y quedó solo / solísimo para ser sinceros
      con los guantes aún puestos
y el corazón brincándole fuerte en el pecho.

Él que nunca estuvo seguro
de sí había nacido para esa profesión
      saboreó su sangre
y mientras todos se volcaban sobre el campeón
él con paso firme aún se retiró hacia los vestidores
mientras su sombra de cara al público
      seguía lanzando golpes al aire
          contundentemente
            contra la luz.

Alberto Roblest

Arturo Morell nació en México, D.F. Poeta, dramaturgo, cineasta y novelista. Es egresado de la Facultad de Derecho de la UNAM. Paralelamente estudió Teatro y Literatura en diversas escuelas y talleres. Como actor, productor y director teatral ha actuado en más de veinte obras, dirigido quince y producido diez. Entre sus producciones destacan: "Falsa Crónica de Juana la Loca" escrita y dirigida por Miguel Sabido, "El Suplicante" dirigida por Manuel Bauche Alcalde, "Los Tres Juicios de Oscar Wilde" dirigida por Francisco Franco y coproducida con OCESA, "La Puerta" escrita y dirigida por Edgar Ceballos, "De Poli a Diva... y de regreso", obra que promueve los derechos laborales de las mujeres, de la que también es escritor y director. La Agrupación de Periodistas Teatrales le otorgó en 1996 el Premio como Mejor Productor de Teatro. Fundador de la Asociación Civil FESTHIP con la que participa en actividades de promoción de la cultura mexicana dentro y fuera de su país, labor por la cual recibió en el 2000 un premio de la crítica periodística. Ha publicado los libros: *Líneas de Madrugada* (Poesía), *Antología de Pastorelas I y II*, y la edición bilingüe *De Poli a Diva... y de regreso* (Teatro), entre otros. Desde diciembre de 2007 colabora para la Secretaría de Relaciones Exteriores como Cónsul en Miami, Florida, dirigiendo el Instituto Cultural de México. Reside en Miami Beach, Florida.

AUSENCIAS

Ausencia en todo siento.
Ausencia. Ausencia. Ausencia.
"Poema No. 29" – Cancionero y Romancero de Ausencias
Miguel Hernández

Ausencias percibo a mi alrededor:
Ausencias que celan y merman tu olvido
Ausencias que exclaman y gritan silencios
Ausencias del alma…. que guardan vacíos.
Ausencias cobardes no claman justicia
Ausencias que esperan sus propias ausencias…
Ausencias que lloran… dolores inciertos.
Ausencias que guardan tristezas lejanas
Ausencias que vuelan y esperan decretos
Ausencias carnales… que queman, que arden…
Ausencias vigilan que nadie me siga
Ausencias que asustan…
Ausencias que matan….
Ausencias que sueñan…
Ausencias que anhelan dejar de ser ausencias.
Ausencias que rompen caricias de adentro
Ausencias que embriagan y bailan enfermas
Ausencias desgarran mi último aliento
Ausencias que explican por qué son ausencias
Ausencias, ausencias, ausencias que nacen y mueren
Ausencias que entrañan secretos eternos.
Ausencias conjugan… cientos de no verbos.
Ausencias que rondan, que engañan y estallan
Ausencias en todo, en todo, en todo siento…
Ausencias que siempre…
Mirando tus ojos… dejan ya de serlo.

Arturo Morell

Carlos Quevedo nació en Cárdenas, Cuba. Dibujante, diseñador gráfico y fotógrafo profesional. Es graduado de Animación y Diseño Gráfico del Instituto de Arte de Fort Lauderdale en la Florida. Luego incorporó la fotografía como otro medio de expresión y fusionó sus conocimientos de diseño con esta última, para dar vida al sinnúmero de formas y colores que danzan en su imaginación. Ha participado como asesor de arte con la *Revista Literaria Baquiana* (versión digital e impresa) y Ediciones Baquiana desde sus inicios, siendo responsable por el diseño de las portadas de la mayoría de los libros y de todos los anuarios publicados, hasta el momento, por dicho sello editorial. Entre sus actividades profesionales, se dedica también a la restauración y corrección de fotografías, así como a la consultoría fotográfica en general. Su trabajo de restauración, sumado a la calidad artística de los fotógrafos con los que colabora, ha sido premiado en varias oportunidades. Entre otras de sus actividades, contribuye con el equipo fotográfico del Ballet Clásico de Miami. Sus fotos han sido publicadas en diversos medios de prensa a nivel local e internacional. Su obra fotográfica ha participado en exhibiciones colectivas en: Black & White Gallery en Coral Gables, Florida (2008) y New Professions Technical Institute Gallery en Miami, Florida (2010). Reside en Hialeah Gardens, Florida.

Carlos Quevedo – Fotografía "Invitación"

Arrímate, retírate conmigo:
vamos a celebrar nuestros dolores
junto al árbol del campo que te digo.
"Elegía" – Miguel Hernández

Carlota Caulfield nació en La Habana, Cuba. Poeta, ensayista, editora y profesora de literatura hispanoamericana. Ha publicado los libros de poesía: *Fanaim, Oscuridad divina, A veces me llamo infancia / Sometimes I call myself childhood, El tiempo es una mujer que espera, 34th Street & other poems, Angel Dust / Polvo de Angel / Polvere D'Angelo, Libro de los XXXIX escalones / Book of the XXXIX Steps, Estrofas de papel, barro y tinta, A las puertas del papel con amoroso fuego, Quincunce, Autorretrato en ojo ajeno, Movimientos metálicos para juguetes abandonados, El libro de Giulio Camillo / The Book of Giulio Camillo / Il Libro de Giulio Camillo, Quincunce / Quincunx* y *A Mapmaker's Diary. Selected Poems*, entre otros. Su poesía ha sido publicada en numerosas revistas literarias e incluida en diversas antologías. Ha recibido numerosos premios, entre los que se destacan: el Premio Internacional "Ultimo Novecento" (Italia, 1988), Mención de Honor en el "Premio Plural" (México, 1992), Mención de Honor en el Certamen Internacional "Federico García Lorca" (Estados Unidos-España, 1994), Premio Internacional "Riccardo Marchi-Torre di Calafuria" (Italia, 1995), Mención de Honor en el Latino Literature Prize del Instituto de Escritores Latinoamericanos de Nueva York (1997) y el Primer Premio Hispanoamericano de Poesía "Dulce María Loynaz" (Islas Canarias, 2002). Reside en Berkeley, California.

IMPROVISACIÓN CON AGUA Y CORAZÓN

El corazón es agua
que se acaricia y canta.

El corazón es puerta
que se abre y se cierra.

El corazón es agua
que se remueve, arrolla,
se arremolina, mata.
"Poema No. 19" – Cancionero y Romancero de Ausencias
Miguel Hernández

De súbito un acento de ciudad hacia adentro. Pronuncia palabras
como buen *trabajador de la lengua, pan y cuchillo*, y la vida sobre mi se
ha volcado.

Dicen que los filósofos llevan invisibles anillos de plata en los labios,
vistos sólo por aquellos que saben saborear, y gustar, y escuchar con
pasión,
y palpar con detenimiento. Cualquier apuro es súbita maldición y acto
peligroso.
Bésame en la nuca para que el beso ruede, y después llegue el desorden.
La historia de los hacedores de anillos invisibles está aún por inventarse.

Reconozco en él la altura y el timbre del sonido.
Maestro, usted tarareó varias palabras en las que se encontraron la
velocidad
de la luz y el cerezo en flor. ¿O fue el pétalo del cerezo mientras caía
el que resultó ser exacto? ¿Y de qué precisión se trataba?
Entonces dejó que el corazón estuviese y ya no importó
más la cercanía o la lejanía de las cosas, y regresó con él
una ocasión de silbo, de elegías, de poemas desgarrados,
de *hoy voy de mi corazón a mis asuntos.*

Carlota Caulfield

Daisy Valls nació en Cueto, Oriente, Cuba. Poeta, narradora, crítica literaria, editora, conferencista y profesora de Español y Literatura. Graduada con una licenciatura en Lengua y Literaturas Hispánicas por la Universidad de La Habana. Fue editora y jefa de redacción de las editoriales cubanas: Arte y Literatura (1973-1979) y Letras Cubanas (1979-1990). Ha publicado *El monte de las yagrumas* (relato para niños), en 1988; *Remero de un barco de papel* (poesía), en 1989; y *Pequeña balada feroz* (poesía), en 1991. En 1997 apareció su libro de prosa poética *El cuento del tomillar*. Recibió el premio del concurso literario "Migraciones: Mirando al Sur" con el cuento "Mi última clase", auspiciado por el Centro Cultural Español de Miami y otros centros de la AECID en 2009. Sus textos literarios han aparecido en Brasil, Cuba, Estados Unidos, México y la República Dominicana. También ha publicado crítica literaria en revistas especializadas. Actualmente se desempeña como maestra de Español en el Sistema de Escuelas Públicas del Condado Miami Dade. Reside en Miami, Florida.

A ÉL

Compañero del alma, compañero.
"Elegía" (**A Ramón Sijé**) – **Miguel Hernández**

Quiero llorar tu pertinaz olvido
y recordar cantando lo que añoro.
Quiero volar cual pájaro sonoro,
captar las resonancias de un bramido.

Quiero escuchar la voz que me estremece
entre estertores, desangrando el tiempo.
Mientras voy escuchando lo que siento,
clamor de ala en agua turbia crece.

Y en el férvido afán con que mis huesos
blanden espadas que nos aprisionan
entre cercenadores esperpentos,

una muerta quietud ya nos devora:
Nuestros cuerpos se vuelven esqueleto,
polvo fecundo, tierra y luz de aurora.

Daisy Valls

Eduardo Negueruela Azarola nació en San Pablo, Brasil. Poeta, ensayista y profesor de español. Tiene una licenciatura en Filosofía y Letras de la Universidad de Valladolid (España), una maestría en enseñanza de idiomas de la West Virginia University y un doctorado en lingüística aplicada de la Pennsylvania State University. Trabajó como profesor titular en la Universidad de Massachusetts en Amherst durante tres años. En la actualidad es profesor titular en la Universidad de Miami, director del programa básico de español en el Departamento de Lenguas Modernas y Literaturas e investigador en psicología sociocultural y aprendizaje de idiomas. Ha impartido numerosas conferencias sobre lingüística aplicada y enseñanza de idiomas y ha publicado artículos de investigación en libros y revistas académicas. Su poemario *Tropología* fue ganador del Primer Premio del concurso "Nuevos valores de la poesía hispana 2008", convocado por el Centro Cultural Español de Miami y Ediciones Baquiana. Reside en Coral Gables.

LLEVO LA LUNA CLAVADA EN LA GARGANTA

A Miguel Hernández, perito en lunas.

Resuelto en lunas
La luna clavada llevo en garganta
por tu recuerdo de amarga manzana
que quiere pasar; ayer y mañana
fundidos en un verso que atraganta.

Luna azul, luz redonda de campana,
luna cuerda, reloj que marca y encanta;
luna morena, frío hueco que espanta;
luna azúcar, besa dulce y galana.

Viajero por estrellas y dolores,
como el toro burlado por la herida,
y en tu lágrima amante de la cuna.

Uva, cebolla y limón por sabores:
la de amor, el de muerte, la de vida
Nacido para el verso y por la luna.

Eco para resuelto en lunas
Llevo la luna clavada en la garganta
por un recuerdo de manzana
que no quiere pasar.

Luna azul, grande que sueñas.
Luna cuerda de hora que vuela.
Una noche morena resuelta y gitana
descubrí tus labios de estrella y limonada.

Brisa de limón, cebolla y uva resuenan,
como el aire y el toro
nacido para el viaje y el dolor.

Yo quiero ser soñando el poeta
de la página que lloras y abandonas
con tu verso que suena tan cercano,
compañero del verso, tan lejano.

Eduardo Negueruela Azarola

Elena Lasala nació en Mendoza, Argentina. Pintora, dibujante y poeta. A la edad de nueve años se trasladó a vivir con su familia a España y meses más tarde ganó el Primer Premio Provincial de Pintura Infantil. Graduada por la Universidad de La Laguna (Islas Canarias), en Dibujo y Artes Aplicadas. Ha realizado más de 40 exposiciones individuales y colectivas, destacando espacios como el Museo de Arte Contemporáneo de Santiago de Chile, el Museo de Arte Latino de California, Art Rouge Gallery, Art Vision Gallery, The Wirtz Gallery, Mistura Design Center y Hajjar Gallery, así como en Ferias Internacionales de Arte tales como Arteaméricas (Miami Beach, Florida), ArteBA (Buenos Aires, Argentina), ArtBO (Bogotá, Colombia), Art Miami Fair (Miami, Florida), Art New York (New York City), Artexpo (Las Vegas, Nevada), y Puro Arte (Vigo, España), entre otras. Ha sido colaboradora en centros culturales (Espacio Contemporáneo de Arte de Mendoza), fundaciones (Safespace Foundation, Voices for Children, Amigos for Kids, The Kampong Foundation, the Claire Cantor Foundation y Haitian Art Relief Fund) y editoriales (Ediciones Baquiana). Fue elegida como artista invitada para realizar el afiche del Festival Internacional de Teatro Hispano de Miami 2007 y nombrada "Distinguished Visitor" por la Ciudad de Coral Gables por su contribución a favor de la Cultura y el Arte. Reside en Miami, Florida.

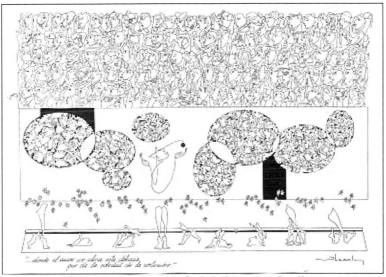

Elena Lasala – Dibujo "La soledad de la costumbre"

...donde el amor me alivia esta dolencia
que da la soledad de la costumbre.
"Vida – invariable" – Miguel Hernández

Emilio Bejel nació en Manzanillo, Cuba. Poeta, crítico literario, ensayista y profesor universitario de literatura hispanoamericana. Se doctoró en lengua y literatura hispánicas en 1970 en la Universidad del Estado de la Florida (Tallahassee). Ha sido profesor de la Universidad de Fairfield en el Estado de Virginia, de la Universidad de la Florida en Gainesville y de la Universidad de Colorado en Boulder. En la actualidad es profesor de la Universidad de California en Davis. Ha dictado seminarios de literatura hispanoamericana y teoría literaria en las universidades de Yale (EE.UU.), Pedro Henríquez Ureña (República Dominicana) y Rosario (Argentina). Ha publicado numerosos artículos y poemas en revistas literarias de América Latina, Estados Unidos y Europa. Entre sus obras principales, ha publicado los siguientes libros: *Del aire y la piedra* (poesía, 1974); *Direcciones y paraísos* (poesía, 1977); *Ese viaje único* (poesía, 1977); *Huellas/Footprints* (poesía, 1982); *Literatura de Nuestra América* (crítica, 1983); *La subversión de la semiótica* (teoría y crítica, en colaboración con Ramiro Fernández, 1988); *Casas deshabitadas* (poesía, 1989); *Escribir en Cuba (entrevistas con autores cubanos: 1979-1989)* (1991); *José Lezama Lima, Poeta de la Imagen* (crítica, 1994); *El libro regalado* (poesía, 1994); *Gay Cuban Nation* (crítica, 2001); *The write way home* (biografía, 2003); y *El horizonte de mi piel* (biografía, 2005). Reside en Davis, California.

RECORDANDO A MIGUEL HERNÁNDEZ

¿No cesará este rayo que me habita / el corazón de exasperadas fieras
y de fraguas coléricas y herreras / donde el metal más fresco se marchita?
"Poema No. 2" – El rayo que no cesa – Miguel Hernández

No reconozco ya tu voz habitada de fraguas y cóleras herreras.

No reconozco ya la fiereza de tu protesta redonda como una naranja que alentaba a los que sudaban en los campos para que salieran de su ensueño a pelear por el pan del día.

Tus letras se desplazan hasta aquellos días de invierno en que conocí el desamor que intercambiabas con el poeta granadino y la espada de flores que Alexandre interponía entre ustedes para evitar el cataclismo de la poesía.

Me acompañaste en aquellas noches del invierno neoyorquino en que mi deseo se agitaba inútilmente en busca de jeroglíficos desconocidos.

Y fue entonces que leía ese rayo incesante que te acariciaba invitándote a morir como si fueras de trapo, como si una piedra ensangrentada pudiera más que un poeta.

Y al leerlo me sentía acompañado, como si hubieras tenido algo que ver con la lujuria que se quemaba en un pan en el horno, en un cigarro que se movía en la oscuridad humeante, en un beso donde no llegaba la decencia familiar.

Eras un fantasma que se acercaba entre letras cuando viajaba por el tren expreso hacia los nuevayores y las filadelfias y los infiernos.

Tú eras el más fiel compañero, compañero de los que bebían de la misma agua discursiva pero sabían que todos nos íbamos a morir en medio de la búsqueda y el tropel.

Hoy, a tanta distancia, te saludo de nuevo, sabiendo que ya no te conozco, pero que tu letra se extiende como un jabalí furioso para dejar que el recuerdo regrese al lugar movedizo en que te había dejado.

Ahora sí te recuerdo Miguel Hernández, ahora sí, porque fuiste el que me hacía señas para que yo me bajara del tren que no iba a ninguna parte y saliera como quien sabe que *el metal más fresco se marchita.*

Emilio Bejel

Etnairis Rivera nació en San Juan, Puerto Rico. Poeta, ensayista, actriz, guionista y profesora. Es catedrática de Literatura Hispánica en la Universidad de Puerto Rico. Escribe relatos, ensayos, y guiones para programas culturales televisivos. Ha recibido el Gran Premio "Alejandro Tapia y Rivera" de las Letras (PEN Club 2006). Pertenece a la Generación Poética del '75 y figura entre las más destacadas poetas contemporáneas de Puerto Rico. Poemas suyos han sido traducidos al inglés, francés, portugués, sueco y árabe y publicados en antologías y revistas extranjeras. Participa en Ferias del Libro y Festivales Internacionales de Poesía. Ha sido premiada por las siguientes instituciones: Casa del Autor Puertorriqueño, Ateneo Puertorriqueño, PEN Club, Feria Internacional del Libro de Puerto Rico, Casa del Poeta Peruano, Barro de Poesía (Sevilla, España) y Haiku Award (California, Estados Unidos). Ha incursionado en el teatro como actriz y directora de teatro universitario. Ha publicado los libros: *Wydondequiera* (1974), *Canto de la Pachamama* (1976), *María Mar Moriviví* (1976), *El día del polen* (1981), *Ariadna del Agua* (1989), *Entre ciudades y casi paraísos* (1995), *El viaje de los besos* (2000), *De la flor del mar y de la muerte* (2000), *Intervenidos* (2003), *Memorias de un poema y su manzana* (2004) y *Return to the sea* (Ed. Bilingüe, 2007), entre otros. Reside en San Juan, Puerto Rico.

MIGUEL

la de la vida, la del amor, la de la muerte...
"Poema No. 25" – Cancionero y Romancero de Ausencias
Miguel Hernández

Llegó del amor tan herido de vida, pastor sin muerte.
Sur y cárcel de corazón amargo, sangre de sus versos.

Nana para el libre con su astro, luna nardo,
Amapolas, azahares, flor del naranjo, la madrugada garza
Madreselvas, alondras y jazmines y

Silencio...

Mala luna, tantos olivos, besos para la sed de su boca
Tan cerca del agua del sueño, cantos,
Homenaje a la luz de su cuerpo en el camino.

Salto mortal hasta su vientre.
Al Aire, aire...

Poeta, ¡le requiero!

Etnairis Rivera

Fernando Escobar Giraldo nació en Risaralda, Caldas, Colombia. Abogado, periodista, poeta y conferencista internacional sobre temas periodísticos. Fundador y director del periódico semanal *La Aurora* en Dallas, Texas, y de la revista bilingüe *Puntos*, en la misma ciudad. En Miami, ha sido director de noticias de *Radio Klaridad*, *Radio Caracol* y *RCN*, las más grandes empresas de radio colombianas que se han extendido al estado de la Florida. Actualmente es escritor del noticiero nacional de la cadena de televisión en español *Univisión*, la más grande del mundo en nuestro idioma, con la cual ganó dos de los prestigiosos premios EMY de periodismo. Durante cinco años fue director de la sección de ayuda "Tu Consejero" en *Univisión Online* (www.univision.com). Ha contribuido también con el contenido inicial de www.salud.com y de otros sitios importantes en la red cibernética. Además, colabora con diversos medios de prensa en español y es autor de un compendio sobre el sistema electoral en EE.UU., producto de una larga investigación, así como de varias obras dedicadas a orientar a los latinos sobre como vivir mejor, en todos los campos en la nación norteamericana. Ha publicado los libros de información: *Oportunidades para los Hispanos en Estados Unidos* (1995) y *La guía de Internet para periodistas* (2005), así como el libro de poesía *Retazos de vida y esperanza* (2004). Reside en Doral, Florida.

MI ADIÓS PARA TI MIGUEL

> *Yo que creí que la luz era mía*
> *precipitado en la sombra me veo.*
> *Ascua solar, sideral alegría*
> *ígnea de espuma, de luz, de deseo.*
> **"Eterna Sombra" – Miguel Hernández**

Yo creí que la luz era tuya.
Pero ensombreció tu aliento en la noche.
Estrepitoso, emburrado, hice toda bulla
instando a que la muerte no hiciera derroche.

Mandaste la mano hacia Lisboa.
Y no llegaste… iluso, ingenuo. Poeta.
Despilfarraron tus cantares por la proa
y te rendiste ante rifles cual saeta.

Las frases regurgitadas de tu mente
cesaron a los 31 el brillo vital.
Maldito el mal que te puso ausente.
El pudor te hizo zancadilla en el umbral.

Burda tenacidad de la noche.
Aboga el talento en la chequera.
Cerraste del talento el broche.
Y perdiste la chequera cual quimera.

Fernando Escobar Giraldo

Francisco (Pancho) Varela nació en La Habana, Cuba. Pintor, dibujante y caricaturista. En la mitad de la década de los 60's empieza a dar sus primeros pasos como caricaturista, lo cual lo hizo ganador de varios premios nacionales e internacionales, trabajando en la revista de humorismo cubana *Palante*. Más tarde, trabaja como caricaturista para la Televisión Nacional Cubana y como escenógrafo de los espectáculos del cabaret Copacabana del Hotel Riviera en La Habana, alcanzando un reconocimiento nacional en el medio artístico de su país. Paralelamente, se fue desarrollando también en esos años en el dibujo y la pintura, y empieza a participar en exposiciones internacionales como El Salón de Mayo de la Fundación Picasso en París (Francia), el Premio Internacional de Dibujo Joan Miró en Barcelona (España), La Bienal de Sao Paulo (Brasil) y La Bienal de Venecia (Italia), así como en numerosos espacios internacionales de caricatura como el Salón de Humoristas de Montreal (Canadá) y el Yomiuri Shinbum de Tokio (Japón), alcanzando numerosos premios y reconocimientos. Su obra ha sido expuesta en numerosos países alrededor del mundo, tales como: Emiratos Árabes, México, Japón, Rusia, Polonia, Checoslovaquia, Brasil y Estados Unidos, entre otros. En 1993 creó la fundación, sin fines de lucro, *Centro para el Desarrollo de la Cultura* en Orlando y continúa exponiendo activamente. Reside en Orlando, Florida.

Francisco (Pancho) Varela – Dibujo "El hijo"

Una mujer morena
resuelta en luna
se derrama hilo a hilo
sobre la cuna.
"Nanas de la cebolla" – Miguel Hernández

Gerardo Piña Rosales nació en La Línea de la Concepción, Cádiz, España. Crítico e investigador literario, ensayista, fotógrafo artístico y novelista. Ejerce como profesor de literatura y lengua españolas en la City University of New York (Lehman College & Graduate Center) desde 1981. Ha enseñado también en St. John´s University y en el Teachers College de Columbia University. Ha publicado los libros siguientes: *De la Celestina a Parafernalia: estudios sobre teatro español* (1984); *Guía de estilo para periodistas* (con R. Corbalán), (1997); *1898: entre el desencanto y la esperanza* (con Corbalán y Toscano), (1999); *Acentos femeninos y marco estético del nuevo milenio* (2000); *Presencia hispánica en los Estados Unidos* (2003); *España en las Américas* (2004); y *Escritores españoles en los Estados Unidos* (2007), entre otros. Como novelista, es autor de *Desde esta cámara obscura* (con fotografías del autor), con la que obtuvo el Primer Premio de Novela Ayuntamiento / Casino de Lorca (2006). Es presidente del Círculo de Escritores y Poetas Iberoamericanos de Nueva York (CEPI). Ha sido presidente de la Asociación de Licenciados y Doctores Españoles en Estados Unidos (ALDEEU) y, en la actualidad, es director de la Academia Norteamericana de la Lengua Española (ANLE) y miembro correspondiente de la Real Academia Española (RAE). Reside en Monsey, Nueva York.

Gerardo Piña Rosales – Fotografía "Toro de España"

Alza, toro de España: levántate, despierta.
"Llamo al toro de España" – Miguel Hernández

Hilario Barrero nació en Toledo, España. Poeta, traductor, dibujante, fotógrafo y profesor. Graduado con un doctorado de la Universidad de la Ciudad de Nueva York (CUNY). Ha sido profesor de español en la Universidad de Princeton y, en la actualidad, es catedrático de literatura y español del Centro de Graduados de la Universidad de la Ciudad de Nueva York (CUNY). Quedó finalista del premio Adonais en España (1977) y ha ganado varios premios literarios. Ha traducido a Robert Frost, Jane Kenyon, Donald Hall y a otros poetas norteamericanos contemporáneos. Es autor de *Siete sonetos*, *In tempore belli* (Premio de poesía Gastón Baquero – Madrid, España) y *Siete postales del sur y una postdata*, de edición no venal. Ha sido incluido en *Líneas urbanas. Lectura de Nueva York* (Llibros del pexe, 2002), ed. José Luis García Martín y en la antología *Miradas de Nueva York. (Mapa poético)*, de Juan Luis Tapia. Algunos de sus poemas han sido traducidos al portugués por Rene Garay y publicados en una antología titulada *Timor* y al inglés por Gary Racz y publicados en la revista *Downtown Brooklyn*, de la Universidad de Long Insland. Ha colaborado, entre otras, en las siguientes revistas: *Baquiana, Poesía española, Aldonza, Clarín, El Súmmum, Grama, Hélice, Hermes, Hueso Húmero, Manxa, Reloj de arena, Revistatlántica y Turia*. Reside en Brooklyn, Nueva York.

CON MIGUEL HERNÁNDEZ EN NUEVA YORK
(Poemas III y IV)

BROOKLYN

Aquí vivo
y camino de susto en sobresalto
por el parque minado de tu muerte.
¡Qué impiedad para mi planta!
cuando piso la sangre del asfalto.
Yo sé que tuve suerte
y encontré la salida
aunque me condené por el camino.
Dentro del laberinto
huele el macho a jazmines...,
la hembra oliendo a cuadra y podredumbre.
Yo perfumo a la muerte
con el aliento herido de mi vida.

ORIHUELA

Haciendo el hortelano...
de mi huerto me quedo.
Sigue tu casa en pie,
la higuera todavía curva al aire,
llora un niño, se seca la cebolla,
la escarcha se funde con la sombra
y están despiertos todos los naranjos.
Dios ya te ha escuchado,
Miguel,
Dios nunca está callado.

Hilario Barrero

Humberto López Cruz nació en La Habana, Cuba. Poeta, ensayista, profesor, investigador y crítico literario. Graduado con un doctorado de la Universidad Estatal de la Florida en Tallahassee, Florida. Actualmente, imparte clases de lengua española además de cursos de literatura y civilización latinoamericanas en la Universidad Central de la Florida en Orlando, donde además desempeña el cargo de director del Laboratorio de Lenguas Extranjeras. Ha sido editor de *SELA – South Eastern Latin Americanist*, revista académica interdisciplinaria impresa y distribuida en los Estados Unidos, y es miembro del Consejo de Redacción de la *Revista Literaria Baquiana*. Es coeditor del libro de crítica sobre la narrativa de Reinaldo Arenas, *Ideología y subversión: otra vez Arenas*, publicado por la Universidad de Salamanca, España (1999). También es editor de los libros: *Dulce María Loynaz: cien años después* (2004) y *Guillermo Cabrera Infante: El subterfugio de la palabra* (2009), bajo el auspicio de la Editorial Hispano Cubana en Madrid, España. Ha publicado en poesía el libro *Escorzo de un instante* (2003) y en crítica literaria el libro *Asedio a Panamá: su literatura* (2007). Ha publicado numerosos artículos críticos en diversas revistas nacionales e internacionales sobre aspectos de la literatura del Caribe, Centroamérica, con concentración en Panamá, y la producida por hispanos en los Estados Unidos. Reside en Orlando, Florida.

CÁRCEL DE ESPUMA

Las cárceles se arrastran por la humedad del mundo,
van por la tenebrosa vía de los juzgados;
buscan a un hombre, buscan a un pueblo, lo persiguen,
lo absorben, se lo tragan.
"Las cárceles" – Miguel Hernández

Hay barrotes que subyugan la memoria
mas no pueden contener el albedrío,
        de un día frío
que se inscribe en el recuerdo de la aurora;
por más que añora,
        con cruel cordura,
el refulgir de los campos y la luna;
sin duda alguna,
        no se arrepiente,
acaricia unos sueños lisonjeros
        no pasajeros,
en que afirme su tesón contra torrente.

Está latente
su postura ante el pasado ahora presente,
        y es un aroma
que anuló forzada dosis de nepente;
        clamor latente,
no impide resistencia ante un sistema,
veraz esquema
que engendra avatares de esperanza;
        es alabanza
que a playas de su Isla llega firme;
        nueva bonanza,
simiente de ideal que así confirme.

Humberto López Cruz

Jesús J. Barquet nació en la Habana, Cuba. Poeta, ensayista, crítico literario y profesor. Es licenciado en Lengua y Literatura Hispánicas por la Universidad de La Habana y tiene una maestría y un doctorado en Español por la Universidad de Tulane en Nueva Orleáns. Desde 1991 es profesor de Literatura Hispanoamericana en la Universidad Estatal de Nuevo México en Las Cruces. Ha publicado los libros: *Sin decir el mar* (1981), *Sagradas, herejías* (1985), *El libro del desterrado* (1994), *Un no rompido sueño* (1994; 2do premio de "Poesía Chicano-Latina" 1993) y *Cuerpos del delirio* (2010), y las plaquettes *Ícaro* (1985), *El libro de los héroes* (1994) y *Jardín Imprevisible* (1997), entre otros. Como ensayista ganó el premio "Letras de Oro" por *Consagración de la Habana* (1992) y el premio "Lourdes Casal de Crítica Literaria 1998" por *Escrituras poéticas de una nación* (1999). En 1998, su libro *Naufragios* obtuvo Mención de Honor en los concursos internacionales de poesía "Gastón Baquero" en Madrid, España y "Frontera Ford Pellicer-Frost" en Ciudad Juárez, México. Ha sido ganador de la Beca Cintas de Creación Literaria (1991), seleccionado como Escritor-en-Residencia del Programa de Altos de Chavón en la República Dominicana (1994) y ganador de la Beca Fulbright, Universidad de los Andes y Casa de Poesía Silva, Bogotá, Colombia (1997) Reside en Las Cruces, Nuevo México.

LAS DOS HERIDAS

> *Con tres heridas viene:*
> *la de la vida,*
> *la del amor,*
> *la de la muerte.*
> **"Poema No. 25" – Cancionero y Romancero de Ausencias**
> **Miguel Hernández**

Sobre la frente,
de reflexiones,
la de la muerte.

Y en la rodilla
—genuflexiones—
la de la vida.

Jesús J. Barquet

Joaquín Badajoz nació en Pinar del Río, Cuba. Poeta, narrador, ensayista, crítico de arte y literatura. Miembro correspondiente de la Academia Norteamericana de la Lengua Española (ANLE) y de la American Comparative Literature Association (ACLA). Es editor ejecutivo de *Cosmopolitan en español*, crítico de arte de *El Nuevo Herald* y miembro del consejo editorial de *Glosas* (ANLE). En Cuba, fue fundador de los Cuadernos de arte y teoría de la cultura *La gaveta*. Fue miembro hasta 1999 del consejo de redacción de la revista VITRAL y miembro fundador de la Unión Católica de Prensa en Cuba UCLAP-Cuba y de la Unión Católica Internacional de la Prensa; así como miembro-consultante de la revista independiente de literatura *Deliras* y miembro del consejo editorial de Ediciones Hermanos Loynaz. En EE.UU., ha participado con los *Cuadernos de ALDEEU*, de la Asociación de Licenciados y Doctores Españoles en Estados Unidos. Ha publicado ensayos, reseñas, crítica de arte, poesía y narrativa en varias revistas y periódicos de EE.UU., España, Francia, México, Panamá y Cuba. Reside en West Miami, Florida.

RÉQUIEM POR MIGUEL HERNÁNDEZ

Un manotazo duro, un golpe helado,
un hachazo invisible y homicida,
un empujón brutal te ha derribado.
"Elegía" (A Ramón Sijé) — Miguel Hernández

Con los ojos bien abiertos como dos golondrinas
se muere Miguel, se muere solo, se va a pastar las arianas,
definitivas cabras de la muerte.
Rebaño montaraz indómito, la palabra hila
su geometría sideral en el cielo de Ocaña, en la rueca de todas las
prisiones.
Ensartes de versos, estrellas martilladas,
la luna que besa el trigo te devuelve, a este plano mortal, a estos solares.
Es preciso morir para seguir viviendo.

Anidan en tu raíz las aves. La poesía es un mirlo blanco
perseguido por la feroz sombra de halcones
que una siniestra artillería lanza al vuelo.
Un mirlo blanco que regresa con el rigor de los amaneceres.

Entre los alados vestigios del sufrimiento,
creciste con un vigor más hondo que tu herida,
uniste la izquierda y la derecha,
las dos manos trenzadas sobre el pecho.

Telúrico Miguel, hombre de tierra,
¿de qué arcilla moldeaste tu estatura?
¿Qué pozo te condujo a esos ascensos?
¿Por qué esa luz te fue dejando solo?

Poeta que canta encarcelado, hombre que alumbra,
multíparo ser que tocas el silbato de la jauría humana.
Que te encierren, le teman al redoble, al estallido,
al polvorín de tu palabra, que te derrumben de un hachazo,
que *te amenacen con la inmortalidad.*

Joaquín Badajoz

Jorge Antonio Pérez nació en Pinar del Río, Cuba. Poeta, ensayista, prologuista, comentarista y crítico de arte. Graduado del Centro de Educación Superior, Universidad de La Habana, en la Facultad de Filología en Lingüística y Literatura Hispanoamericana. En Cuba publicó los poemarios: *Una melodía sin ton ni son bajo la lluvia* (FEU, 1979) y *Sustancia Ad-libitum* (Arte y Literatura, 1983), entre otros. Fuera de Cuba ha publicado: *Cuarta Dimensión de la Tarde* (2000); *Inusitado Abril traen sus manos* (Pegaso Ediciones, 2001); *Sobre un rayo de luna cabalgando* (CEPI, 2006) – Mención de Honor del premio de poesía "Salomón de la Selva" 2006; y *Envuelta en magia claridad de aurora* (CEPI, 2007) – poemario ganador del premio Salomón de la Selva 2007. Ha sido ganador de varios premios literarios en certámenes locales e internacionales, tales como: Finalista de los premios "Letras de Oro" en poesía (1995 y 1996); Primer premio del V Certamen de Poesía al Amor y del VI Certamen de Poesía al Mar – Conil de la Frontera, Cádiz, España (2001); Primer premio en el género de teatro "Alberto Gutiérrez de la Solana" y en el género de poesía "Eugenio Florit" del CCP en Nueva Jersey (2007), entre otros. Sus poemas, cuentos, crónicas y artículos han aparecido en publicaciones y antologías en varios países, tales como, Costa Rica, España, Estados Unidos, Francia y Venezuela. Reside en Homestead, Florida.

LA VIDA QUE RENUEVA SUS RETOÑOS

A Miguel Hernández

Tus versos tienen mar y sol,
y montañas y risas, y ríos y llanuras,
y temblor de besos y humedad de llanto.
Quizás tu adolescencia fue gaviota
que confundió el cristal
con la transparencia de *Perito en Lunas*,
tal vez quiso alzar *El rayo que no cesa*.
Traes el *Viento del pueblo*
en la vida que renueva sus retoños...

Murió en la cárcel,
aún en las paredes de la celda
se ve la mancha roja de la sangre.
Murió tuberculoso,
enfermo más de fascismo que del cuerpo.
Hortelano maravilloso de la poesía,
guardador del rebaño de los hombres.
No hubo cárcel, no hubo luto,
no hubo soledad que pudiera arrancarle
su pecho de hombre puro
y la imagen de su compañera.

Ahora vienes a nosotros con un lenguaje suave y tierno.
Menos el vientre de ella, todo era confuso...
Él era libre, libre sólo para amar.

Jorge Antonio Pérez

Jorge Guitart nació en La Habana, Cuba. Poeta, ensayista, traductor, conferencista y profesor de Lingüística Hispana. Es catedrático en el Departamento de Lenguas Romances y Literaturas de la Universidad Estatal de Nueva York en Buffalo. Es un activo conferencista en el circuito académico, sobre temas lingüísticos, el bilingüismo y la literatura cubano-americana. Ha publicado los poemarios: *Foreigner's Notebook* (1993), *Film Blanc* (1996) y *The Empress of Frozen Custard & Ninety Nine Other Poems* (2009), entre otros. Sus poemas en español han sido publicados en las revistas: *Baquiana, Punto Cardinal, Envíos, El Urogallo, Caribe, Kantil, Contra Viento y Marea, Verbena, Liminar, El Correo de las Palmas, Término, Chasqui, Enlace* y *Linden Lane Magazine*. Sus poemas en inglés han sido publicados en las revistas: *The Potomac, Rift, The Georgetown Quarterly, Three Sisters, Lyrik und Prosa, Polis, The Buffalo News, Klingsor, Escarpments, Swift Kick, Linden Lane Magazine, Black Mountain II Review, Buffalo Arts Review, Arts in Buffalo, The Dirty Goat, Uhura, The Snail's Pace Review, Exquisite Corpse, The Reporter, Situation, Latino Stuff Review, First Intensity, Brújula/Compass, The Carolina Quarterly* y *Buffalo Report*, entre otras. Sus ensayos han sido incluidos en prestigiosas publicaciones académicas de los Estados Unidos, al igual que sus traducciones literarias. Reside en Buffalo, Nueva York.

DIEZ REGALOS PARA MIGUEL HERNÁNDEZ
EN SU CENTÉSIMO CUMPLEAÑOS

A la memoria imperecedera de Miguel Hernández

Un arado en equilibrio
Un corazón escapado de su esqueleto
Un romancero sin luto
Un cancionero de presencias
Una noche sin avaricia
Un mirlo llegado a ruiseñor
Una piedra humana
Una cebolla que es toda aderezo
Una avispa tranquila
Una amapola a prueba de desaliento

Jorge Guitart

José Acosta nació en Santiago de los Caballeros, República Dominicana. Poeta, narrador y periodista. Trabaja como reportero del rotativo neoyorquino *El Diario / La Prensa*. Con su primer libro *Territorios extraños* ganó el Premio Nacional de Poesía de su país en 1993. Con su poemario *En el secreto llamado*, obtuvo la primera mención de honor del Concurso Internacional "La Porte des Poétes", en París, Francia, en 1994. En 1998 ganó la Mención de Poesía de la Bienal Latinoamericana de Literatura "José Rafael Pocaterra" en Valencia, Venezuela. Con *Destrucciones* obtuvo el Premio Internacional de Poesía "Odón Betanzos Palacios" de Nueva York, en 1998. En 1999, el gobierno dominicano reunió su obra poética en la Colección *Fin de Siglo*. En 2000, a su libro de cuentos *El efecto dominó* se le otorgó el Premio Nacional Universidad Central del Este, República Dominicana. En 2003 ganó la Mención de Honor del Premio Internacional de Poesía Revista Hybrido, de Nueva York. En 2004, su poemario *El evangelio según la Muerte* obtuvo el Premio Internacional de Poesía "Nicolás Guillén", de México. En 2005, ganó los premios nacionales de novela y cuento que otorga anualmente el gobierno dominicano a través del Ministerio de Cultura. En 2007, un cuento suyo fue incluido en una antología de ensayos, cuentos y poemas que preparó la organización UNICEF. Reside en la ciudad de Nueva York.

POEMA A MIGUEL HERNÁNDEZ

A mis pies ha llegado tu muerte, oh Miguel Hernández,
y no he hallado el modo de cuidarla,
de tomarla por los bordes como un pañuelo
para ponerla en el umbral de la ventana hasta que se ponga el sol.
¿Qué puedo hacer con ella, poeta, si no la entiendo?
¿Cómo podría atar una sombra sin dejar escapar estos pájaros?
Escucho un portazo terrible, un aleteo,
escucho los pasos del que huye, el ruido de la grieta
por donde entra el sol.
Y tu muerte sigue ahí, sonora, densa, atroz,
siguiéndome como si yo le hubiese hecho daño,
como si hubiese sido mía la culpa, la trenza de rezos
y el adiós.
Todo habla de ti en esta casa, los muebles, las cortinas,
el jardín; los cirios húmedos, los dedos de la abuela y aquel rincón
por cuyas sombras navegaba hacia donde ahora debes estar tú.
No sé qué hacer ahora con esto que cae de mi cara,
dibuja una línea de luz en el aire,
y se convierte en tu voz.
Oh poeta, qué mal hiciste con dejarles el mundo a los demás.

José Acosta

Juan Antonio González Cantú nació en Matamoros, Tamaulipas, México. Poeta, narrador, crítico literario, editor, traductor y profesor. Estudió Letras Hispánicas en la Universidad Texas Arts & Industries de Kingsville, Texas, donde obtuvo el doctorado en 1974. Ha sido profesor del Tecnológico de Matamoros en Tamaulipas y, a partir del 1980 hasta la fecha, es profesor asociado del Departamento de Letras Hispánicas de la Universidad de Texas en Brownsville. Desde 1997 es editor en jefe del anuario de letras creativas *El Novosantanderino* y de la revista estudiantil *De Puño y Letra*. También es miembro del consejo editorial de las revistas académicas: *Puentes* de la Universidad Estatal de Arizona y *Pegaso* de la Universidad de Oklahoma. Su obra de creación literaria en las modalidades de poesía y cuento, así como también sus ensayos críticos literarios aparecen en las siguientes revistas y publicaciones: *A Quien Corresponda, Baquiana, Borders Review, Caligrafías, Gaceta Literaria, Cien Pies, El Bolígrafo, El Catalejo, Eldígoras, Hybrido, Matamoros Literario 2000, Pez Volador, Torre de Papel, Voces y Zopilote, entre otras*. Sus trabajos académicos, que comprenden varias décadas en el medio, han sido publicados en diversas revistas especializadas de España y Latinoamérica. Ha publicado el libro de poesía *Itineransias* (2005). Reside en Brownsville, Texas.

REVELACIÓN

A Miguel Hernández, centenario

Porfía   España   porfía
tu sino vuelve a encarar

Despiértate
Por las laderas dormidas
de adustas cordilleras
llega el vislumbro agorero
llega la señal de espera

Desencadénate
Evita que el velamen marche
al paso de otro sextante
enarbola tus velas al pairo
destraba ya tu encoraje

Yérguete
Que la voluntad indomable
preclara noción tempranera
preceda tus pasos enhiestos
pernocte también en tu estrella

Sálvate
Despierta   desencadena tu hado
yérguete   salva tu honra
regresa por matinal encanto
tus hijos reclaman victoria

Levántate
Porfía   España   porfía
tu sino vuelve a encontrar

Juan Antonio González Cantú

Juan Manuel Pérez nació en La Pryor, Texas. Poeta, actor y maestro de historia. Ha publicado dos libros de poesía: *Another Menudo Sunday* (2007) y *O' Dark Heaven* (2009); y seis *chapbooks*: *Spirit Of Montecuhzoma II* (1996), *Beneath The Tights: Poems About Comic Book Characters*, Volume I (2006), *Within The Funny Colored Pages: Poems About Comic Book Characters*, Volume II (2006), *Dial H For Horror: Poems About The Ugly And Unexplained*, Volume I (2006), *To Drakulon With Love: Poems About The Comic Book Character Vampirella* (2007), y *Love... Unfortunately* (2007). Ha sido ganador de los premios: People's Comic Book Newsletter/Best Comic Book of Poetry (2005), Segundo Premio en la Billie Stroud Appreciation Award (2009), Primer Premio en el Festival de Poesía en San Antonio, Texas (2009) y el Segundo Premio en el Festival Internacional de Poesía en Austin, Texas (2010). Su poesía aparece publicada en: *And Now The Nightmare Begins, vacpoetry.com, Desahógate, thehorrorzine.com, Baquiana, Boundless, The People's Comic Book Newsletter, Voices De La Luna, International Poetry Review, Illumen, Star*Line: the Journal of the Science Fiction Poetry Association, The Poet Magazine, di-verse-city, The Dreamcatcher, Inkwell Echoes, The Palm's Leaf, Message of the Muse, Voices Along The River, La Voz de Uvalde County* y *La Voz de Austin*. Reside en La Pryor, Texas.

LA DESPEDIDA

A Miguel Hernández

Adiós, mis hermanos hermosos
Mis amigos y compadres
Déjame dar las despedidas
A lindas labores y el sol
Me voy de prisionero
A despertar en el santo cielo
Fiel, sano y liberado
Quitado de las penas
Adiós, tierra hermosa
Mi antigua libre España
No te preocupes más de mí
De mi sangre de cebolla
Mis queridos seres humanos
Les encargo a mi familia
Que coman bien hasta el fin
Pan con cebolla de compañera
Adiós, adiós a todos enteros
Que viva siempre la poesía
Que sigan muchos con pluma lista
Que escriban bien lo que me faltó.

Juan Manuel Pérez

Julie De Grandy nació en La Habana, Cuba. Poeta, novelista, actriz, dramaturga y guionista. Como dramaturga, ha escrito 14 obras de teatro, seis de las cuales se han representado en Miami, Nueva York y Ciudad de México. Como actriz, su actuación más reciente fue el rol protagónico de la obra adaptada por Susana Tubert de la Película de HBO "Real Women Have Curves" de la escritora Josefina López. Como guionista ha producido para la televisión la Serie "Teens" en la Cadena Telemundo. Es presidenta y fundadora de Producciones AMA que, entre otras, ha producido las siguientes obras premiadas: *Doble fondo*, *Entre Mujeres*, *Cena para dos*, *La Herencia*, *La Huella* (en co-producción con la Shakespearean Company). Ha realizado Doblajes para: BVI Doblaje de programas de series y películas para América Latina del inglés al español y al francés, así como para otras compañías importantes. Ha realizado campañas de promoción y ha trabajado como locutora de eventos especiales, tales como la retransmisión anual del Festival de Canes para América Latina. Como escritora ha publicado: *Sentimientos de Almas Vivas* (Poesía, Editorial Amykasa, 1990); *La Generación Puente* (Ensayo, Editorial Arenas, Miami, EE.UU., 1992); *Enigma de Pasiones* (Novela, Eride Editorial, Madrid, España, 2002); y *Quiero ser escritor* (Ensayo, Nuevos Escritores, Madrid, España, 2005). Reside en Miami, Florida.

TU PALABRA HERIDA

> *Llegó con tres heridas*
> *la del amor,*
> *la de la muerte,*
> *la de la vida.*
> "Poema No. 25" – Cancionero y Romancero de Ausencias
> Miguel Hernández

Sencilla es tu palabra,
tu palabra dolida,
rumiada entre los pastos,
entre rejas y envidias.
Cercenados tus días
en prematura esencia;
tu legado es el verso
que perdura y se queda.
Te recuerdan los lirios,
- Miguel, de corta vida -
y te cantan tu nana
quienes nunca te olvidan.
Llegaste en viva voz
a aquel mundo profano,
con heridas abiertas
que no cicatrizaron...

Julie De Grandy

Julie Pujol Karel nació en Colón, Matanzas, Cuba. Poeta, editora y activista cultural. Ha publicado los libros de poesía: *Imposible olvidar / Impossible to forget* (2007) y *Del otro lado del océano / At the other side of the ocean* (2008). Ha participado en varias antologías, tales como: *The Long and the Short of It* (Asociación de Poetas del Noroeste de Texas), *Dreams* (White Oaks Press), *Inspirations* (Liga de Poetas Americanos), *Laberinto de Sentimientos* (Centro Poético – Madrid, España), *Houston Poetry Fest* (Clear Lakes, Texas), *Poems of the world* (Palatine, Illinois), *Windows* (University of Houston – Alvin Campus), y *Di-verse-city* (Antología del Festival Internacional de Poesía de Austin). Ha recibido los siguientes premios y reconocimientos: Primer y segundo premio en poesía del Southwest Writers Club (2003, 2004 y 2005); Premio en poesía por el jurado del Houston Poetry Fest de la Universidad de Houston, con el patrocinio del Houston Art Endowment (2004); primer lugar del HAP Fulgham Award (2005); primer lugar del Alamo Family Award (2008); Segundo lugar en el 10th Annual International Latino Book Awards (2008), entre otros. Es miembro de la Sociedad Poética de Texas (Capítulo de Houston), dirige la Palestra Poética del "Festival del Libro Hispano de Houston" y es fundadora del grupo poético "Conversando a través de la poesía" del Noroeste de Houston. Reside en Houston, Texas.

LEGADO INMORTAL

Tronco de soledad,
barrancos de tristeza
donde rompo a llorar.
"Poema No. 38" – Cancionero y Romancero de Ausencias
Miguel Hernández

No me importa si sufro
en aras de la libertad,
en este silencio mi pluma hablará.

No importan las cadenas,
si mantengo un ideal
libertad del fascismo que nos hace llorar.

Páramos de ausentes,
mi niño y mi mujer.
Besos dolientes,
imaginariamente los puedo sentir.

Desolación que sientes, por la separación.
El alma está tranquila,
al saber que defiendes tu ideal.

Mis brazos se desploman,
mas mi pluma no cae,
dejando con mis versos
el día que perezca en esta obscura celda,
un legado inmortal.

Julie Pujol Karel

Leonora Acuña de Marmolejo nació en el Valle del Cauca, Colombia. Es periodista, poeta, escritora y pintora. Autora de los poemarios: *Poemas en mi red* (Plaza & Janes, 1992), con prólogo del escritor colombiano Gustavo Álvarez Gardeazábal; *Brindis por un poema* (Plaza & Janes, 1995), con prólogo del Dr. Odón Betanzos Palacios, director de la Academia Norteamericana de la Lengua Española; y *Baraja de poemas*, (Betania, 2002), con prólogo del Dr. Luis Ángel Casas, poeta cubano y miembro de la Academia de la Lengua Española. Es también autora de varios libros de cuentos, ensayos y novelas; algunos aún inéditos. Sus poemas, cuentos, críticas y ensayos le han merecido numerosos premios y reconocimientos, como los obtenidos por sus cuentos "El dolor del artista" (Colombia, 1962); "Aquí los dejo entre los muertos" (Sociedad Cultural Santa Cecilia, Miami 1997); "Papá Santiago" (Club Cultural de Miami "Atenea", 2003); y por sus poemas "Poem to winter" (National Library of Poetry – Maryland, 1995); "Soneto al amor" (Famous Poets Society, California, 1996); "El desdeñoso" (Academia Poética de Miami, 1997); "Inquietud" (Club Cultural de Miami "Atenea", 1998); "Ven" (Delegación Cultural del Ayuntamiento de Conil, Diputación de Cádiz, España, 2001). Es columnista en varios periódicos y revistas de los Estados Unidos y Europa. Reside en Long Island, Nueva York.

HOMENAJE A MIGUEL HERNÁNDEZ

> *Adiós hermanos, camaradas, amigos:*
> *despídanme del sol y de los campos de trigo.*
> **Miguel Hernández**
> **(poema final escrito en la prisión)**

Con las alas divinas en tu cosmovisión
tu verso enardecido se tornó universal
y a la estrella llegó en resonancias líricas,
izando la bandera de tu filantropía.

Esos feraces huertos de Orihuela, tu cuna,
con la gran Gaya Ciencia nutrieron tu intelecto.
Buscaste alternas rutas que fuesen cual un puente,
y uniste en armonía lo clásico y moderno.

A célicas alturas te fuiste muy temprano,
mas en tu breve senda trigo candeal dejaste
para saciar el hambre de tus hermanos bardos,
y de seres hambrientos de tu acendrada voz.

Bajo el domo celeste de nuestra Lengua de Oro,
la que nos amalgama con orgullo de casta
e invocando tu nombre glorioso, ¡Oh Miguel:
hoy celebramos gratos tu intemporal grandeza!

De aquesta tu alfaguara la límpida pureza,
-la que nutrió tu estro de humana reciedumbre
haciendo de tu nombre un símbolo inmortal-
queremos ¡Oh, Maestro, que corra en nuestros versos!

Leonora Acuña de Marmolejo

Lourdes Vázquez nació en San Juan, Puerto Rico. Poeta, narradora, ensayista y profesora de literatura latinoamericana. Entre los libros que ha publicado se encuentran: *Las Hembras* (1987); *Poemas* (1988); *La rosa mecánica* (1991); *De identidades: bibliografía y filmografía de María Luisa Bemberg* (1999); *Historias del Pulgarcito* (1999); *Hablar sobre Julia* (2002); *Park Slope* (Provicentown, 2003); *Desnudo con Huesos / Nude with Bones* (2003); *Obituario* (2004); *May the Transvestites of my island who tap their heels...* (2004); *La estatuilla* (San Juan: Cultural, 2004) que incluye el cuento ganador del Premio Internacional Juan Rulfo 2002 en la categoría *Literate World* (Francia); *Salmos del cuerpo ardiente* (2004); *Bestiary: Selected Poems 1986-1997* (2004), finalista del premio para Mejor Libro del Año/ revista de crítica literaria Foreword; *Sin ti no soy yo* (2005); y *Samandar: libro de viajes / Book of Travels* (2007) traducido por Enriqueta Carrington; y *Salmos del cuerpo ardiente: libro de artista por Consuelo Gotay* (2007). Forma parte de la antología *Writing Toward Hope: The Literature of Human Rights in Latin America* (Yale University Press, 2007), entre muchas otras. Su obra ha sido traducida en parte al inglés, sueco, italiano, portugués, rumano, gallego y mixteca. Sus textos aparecen en numerosas revistas en América Latina, Estados Unidos y Europa. Reside en North Miami Beach, Florida.

CRÓNICA DE UNA ELEGÍA

Me fue dado conocer a Miguel Hernández en uno de aquellos jardines mágicos de la Universidad de Puerto Rico, en uno de sus bancos rodeado de grandes árboles, palmeras, helechos y enredaderas. Momento de descubrimientos y luchas. Momento dividido entre amores y errores. Escuchaba a un íntimo amigo pronunciar, narrar, declamar la *Elegía a Ramón Sijé...Yo quiero ser llorando el hortelano/ de la tierra que ocupas y estercolas/ compañero del alma, tan temprano.*

Me conmovía cada vez que lo escuchaba.

Otro entrañable aliado, de aquellos del alma y de los dolores, me sorprendió un día con un dibujo del rostro del poeta. El retrato al que aludo fue realizado por Antonio Buero Vallejo en 1940, durante el encarcelamiento de ambos en la cárcel de la calle del Conde de Toreno en Madrid. Es un retrato a lápiz que ha sido reproducido en innumerables ocasiones y que hoy es parte del logo de la Fundación Cultural Miguel Hernández. La dedicatoria: *Para Miguel Hernández en recuerdo de nuestra amistad de la cárcel... 20-I-XL.* Mi compañero del alma trabajó un dibujo exacto en carboncillo el cual atesoré por muchos años. Un día lo perdí y desde entonces y por semanas y años y décadas me he dedicado a buscar aquel dibujo entre gavetas, cajas, cartapacios, papeles, anaqueles y debajo de los cojines. Un retrato que imagino un día encontrar tirado entre libros y más papeles.

Sostengo la esperanza del hambriento.

Eran aquellas largas horas con mis dos afectos--ángeles exquisitos--días y días, tiempo sobre tiempo. Momento sobre momento en que no hubo alimento sino la poesía, la literatura y las canciones de Toña La Negra y Daniel Santos. No comimos sino ron, vino y cerveza. No devoramos sino a Alberti, Neruda, Lorca, Cernuda, Salinas, Guillén, la Burgos, Palés, Césaire, Vallejo y Paz. Luego a clases o a las protestas y solidaridades para seguir escuchando a Miguel Hernández: *Tanto dolor se agrupa en mi costado/que por doler me duele hasta el aliento.*

De tarde en tarde me sentaba encima de alguna caja en la librería de Gallagher a que me aleccionara sobre otros poetas, otras literaturas, otros escritos. Gallagher, un argentino maravilloso que se ancló en Puerto Rico con un formidable almacén de libros. Un librero perteneciente a aquella generación de libreros que nacieron para educar. Espécimen en peligro de extinción por estos recovecos del planeta. Fueron aquellos libros que traía Gallagher a nuestra isla, los que en parte contribuyeron a formar a aquella- -nuestra generación de escritores e intelectuales.

Si hubo otros ángeles, Gallagher fue uno.

Elegía a Ramón Sijé fue mi prólogo a la buena poesía. Quisiera que se entienda lo que digo. Nunca antes había escuchado un poema que me enterneciera y perturbase al unísono. Un poema como un golpazo, a la manera de Kafka cuando le escribe a su amigo Pollak: *I think we ought to only read the kind of books that wound and stab us.* / Creo tenemos que leer el tipo de libros que nos causan heridas, que nos apuñalan. Ese poema me dio las primeras herramientas para entender la escritura de otra manera. *La Elegía a Ramón Sijé* fue ese golpe gratificante. Es sobre lo que Hernández escribía: sobre la muerte, de la muerte, de la vida y la muerte, de la vida y la muerte y el amor y el amor entre la vida y la muerte. Es ese baile de la noche, cisne negro sobre el hielo azul del río, es esa danza de la poética de coraje, el baile de sus palabras, el ritmo de su canción, lo que desata una herida tan grave que una se alegraba-todavía se alegra-de entender los privilegios de la imaginación.

Paisaje prometedor.

Cuando uno de aquellos amigos recitaba la *Elegía* yo salía de mi propia muerte cotidiana para visitar mi futuro, aún dormido--el de la creación, como me aleccionó Cixous. Por eso me conmovía. *En mis manos levanto una tormenta / de piedras, rayos y hachas estridentes / sedienta de catástrofes y hambrienta. / Quiero escarbar la tierra con los dientes / quiero apartar la tierra parte a parte / a dentelladas secas y calientes. / Quiero minar la tierra hasta encontrarte / y besarte la noble calavera / y desamordazarte y regresarte.* Miguel Hernández tenía / tiene esa indispensable y única habilidad de plasmar el coraje, el dolor de todos los corajes y hablar de su propia vida, de la muerte de los otros, del amor tan intenso de algunos seres humanos. Ese póstumo homenaje, que es la Elegía provoca el dolor de todos los dolores, el coraje de todos los corajes.

Quisiera recordar la geografía: fue la Guerra, fue el Hambre, la Persecución y el Miedo. El pastor de cabras encarcelado. Hombre inmensamente leal y comprometido, Autodidacta. Uno de los mejores poetas de nuestro idioma.

Lourdes Vázquez

Lucía Ballester Ortiz nació en La Habana, Cuba. Poeta, narradora, ceramista y pintora. Licenciada en Historia del Arte por la Universidad de La Habana en 1978. A partir de 1993 comienza a ilustrar sus trabajos de poesía. También realiza trabajos en cerámica y pintura sobre tela a partir de 1995. Desde el año 2002 realiza grabados en metal y en el 2004 comienza a trabajar la escultura en bronce. Ha realizado varias exposiciones, tanto individuales como colectivas, de sus grabados y esculturas, obteniendo importantes premios y menciones honoríficas. Ha publicado los poemarios: *Áreas exclusivas señalizadas* (1990), *En la décima noche de saturno* (1992), *Poemas domésticos* (2005), *Una suma de frágiles combates* (2005) y *Noticias de uno mismo* (2009). Ha participado en las revistas cubanas: *El Caimán Barbudo* y *Revolución y Cultura*; en las revistas mexicanas: *La Regla Rota* y *El Faro*; en las revistas estadounidenses: *Baquiana, Catálogo de Letras* y *El Diario de la Mujer*. Reside en Miami, Florida.

A PESAR DE QUE HAY SOLES Y VOLCANES

Una querencia tengo por tu acento,
una apetencia por tu compañía
y una dolencia de melancolía
por la ausencia del aire de tu viento.
"Poema No. 12" – El rayo que no cesa – Miguel Hernández

quisiera redimirte de la muerte
esa quietud me daña los sentidos

a pesar de que hay soles y volcanes
que disponen el viento de la vida
no hay principio ni fin
todo es absurdo
y esta oración marchita mi palabra
que no logra sosiego un solo día
vuelve sobre sí misma
derrotada
a aquel espacio blanco
tortuoso
donde triunfa el dolor

no me resigno

Lucía Ballester

María Elena Blanco nació en La Habana, Cuba. Poeta, ensayista y traductora titulada en literatura francesa, latinoamericana y española de Hunter College, New York University y la Université de Paris. Se ha desempeñado como docente universitaria, investigadora, crítica y traductora en diversos ámbitos geográficos y lingüísticos. Tras un breve período de docencia en literatura y filología francesas en la Universidad Católica de Valparaíso (Chile), de 1983 a 2007 trabajó en las Naciones Unidas sucesivamente como traductora y revisora de español y jefa de la Sección de Traducción al Español de la Oficina de las Naciones Unidas en Viena, Austria, y en la actualidad sigue colaborando con diversas sedes de la ONU en calidad de traductora *freelance*. Sus poemas y ensayos figuran en antologías y revistas literarias de España y América Latina. Ha publicado el libro de ensayos críticos sobre autores latinoamericanos y españoles, *Asedios al texto literario* (1999), y los libros de poesía: *Posesión por pérdida* (1990), *Corazón sobre la tierra / tierra en los* Ojos (1998); *Alquímica memoria* (2001), *Mitologuías* (2001) y Havanity / Habanidad (2010), entre otros. Obtuvo mención honorífica en el Premio Platero de Poesía (Ginebra, 1989), fue finalista del Premio Barro de Poesía (Sevilla, 1990) y ganó el premio de poesía La Porte des Poètes (París, 1996). Reside entre Viena, Austria y Elmhurst, Nueva York.

INTERTEXTUALIZANDO EN LA INDIA

A Ranjit Hoskoté

Me topo con Miguel Hernández en la India
en un texto del poeta de Mumbai Hoskoté,
un caso de huída hacia adelante pues él es
quien llega a mí cuando era yo la esquiva,
la que moraba en deuda y había de buscarlo.

Corrida es el poema que le dedica / el indio en inglés, lo leo con
el placer nervioso de una / degustación en ciernes, siento ya
sangre y agua mezclándose, / arena y polvo, toro y minotauro
en la escisión del rojo, / fatalidad viril, travesía de espuma
que surca la metáfora / con la voracidad del vientre hueco
de la diosa Hambre, / la que me chupó el aliento en Khajuraho.
Huelo el Mediterráneo en el Arábigo / y aparece la luna andaluza
sobre el Ganges / perfumada de votivos inciensos y rosas
de crematorio. Todas las lunas del perito, / gongorinas, morunas,
mojadas de rocío o lentejuelas, / me las había saltado en aras de
aceituneros cantados por voces amigas, / imagen que sólo
habría de encarnarse / cuando me vi perdida en el mar verde de Jaén.
Tópicos movedizos, toro y luna, que / como el deseo lo trastocan todo
en su corrida, dejan ceniza almagre y sangre alba / en el tapete gris
de cielo, mar o página, / hurgan en lo que pugna por salir y que al fin brota
por donde menos se lo espera. / Aprendo a Hoskoté y desaprendo
a Miguel, me aprendo / a mí y nos proceso a los tres en esta trituradora
intextual que nos supera / en su potencialidad, en su derrota.

Oigo a Miguel Hernández con el tercer ojo, reabro
a Hoskoté mirando hacia Occidente, recorro
mentalmente el trayecto que me trajo hasta aquí:
barroco, andino, estructuralista, tropical.
Nunca es tarde para hacerse el harakiri poético.

Siempre es tarde para conocer a un poeta.

María Elena Blanco

María Juliana Villafañe nació en San Juan, Puerto Rico. Poeta, narradora y autora de música popular. Es corresponsal en Puerto Rico para las revistas: *Aleph, Solar, Némesis* y *Olandina*; miembro honorario de la Asociación de Escritores de Mérida en Venezuela; y representante de la Casa del Poeta Peruano en Puerto Rico, Miami y Europa. Ha publicado los poemarios: *Dimensiones en el amor* (Puerto Rico, 1992), galardonado en Nueva York con el premio Palma Julia de Burgos, y *Entre Dimensiones* (Editorial Isla Negra, 2002). Su poesía aparece en diversas revistas literarias y han sido publicados en las antologías: *The American Society of Poets, American Biographical Institute* (1991); *Awaken to a Dream* (Watermark Press Publication, 1991); *Mujeres 98* (Creación Femenina, 1998); *Entre el Fulgor y los Delirios* (Ed. Maribelina-Perú, 1997); *Ontolírica del Canto* (Ed. Maribelina-Perú, 2000); *Literatura Infantil y Juvenil – Tendencias Actuales en investigación* (Universidad de Vigo-España, 2000); y en la *Antología Compartida de Poetas hispanos de Miami* (2000). Su libro de narrativa juvenil *Aurora y sus viajes intergalácticos* fue publicado por la Editorial Planeta en el 2003. El afamado jazzista Jon Lucien ha incluido sus letras en varios de sus discos, siendo el más reciente, *Man From Paradise* (2002), donde incluye dos temas de su autoría. Reside en West Kendall, Florida.

QUIEN AMA, VUELA

> *Cada ciudad, dormida, despierta loca, exhala*
> *un silencio de cárcel, de sueño que arde y llueve*
> *como un élitro ronco de no poder ser ala.*
> *El hombre yace. El cielo se eleva. El aire mueve.*
> **"Vuelo" – Miguel Hernández**

Vuelo de libertad el que aún reclamas en las voces de los que hoy
Te aclaman, te cantan
Libertad del pensamiento que se remonta a otras esferas, otros tiempos
Más nobles, tal vez, que las que te cubrieron de dolor

¿Qué hice para que pusieran
a mi vida tanta cárcel?

Cárcel que no pudo detener el vuelo de los sentimientos
Que defendieron tu sendero
Con la fuerza de la expresión

Tu vida se sesgó demasiado pronto para que sintieras
El alcance de la palabra escrita, en la oscuridad de tus días
En el clamor de tu alma
En la semilla que se siembra sin importar dónde germina

Así como escribió el poeta Francisco Matos Paoli
Quien como tú, fue privado por años de la libertad

"Alguien desea ardientemente acortarme las alas,
seccionarme en el objeto desnudo,
volcarme en la refriega del que empieza siempre
a no interpretar"...

¿Quién puede alejar el amor a la Patria, los ideales,
sin expresar una rebeldía personal
con toda la ardentía de la vibración poética?

Tu vida es aún ese pasado que crece en el futuro y nos hace sentir
Esa condición de pájaro que ama y vuela
En la herencia que dejas
Es esa tu voz que aún *sube a los montes y truena*
Desde entonces y para siempre.

María Juliana Villafañe

Maricel Mayor Marsán nació en Santiago de Cuba, Cuba. Poeta, narradora, dramaturga, profesora y directora de redacción de la Revista Literaria Baquiana. Sus libros más recientes de poesía son: *En el tiempo de los adioses* (2003), *Poemas desde Church Street* (2006) y *Rumores de Suburbios* (2009). Su obra ha sido traducida parcialmente al chino, inglés, italiano y sueco. Ha recibido varios premios y reconocimientos en Chile y EE.UU. Participó en la redacción de la *"Enciclopedia del Español en los Estados Unidos"* (Anuario del Instituto Cervantes) en Madrid, España (Santillana, 2008). La editorial Holt, Rinehart & Winston ha incluido su poesía en los libros de texto: *Exprésate* (2006- 2009) y *Cultura y Lenguaje* (2007-2008), que se utilizan para el estudio del español en las escuelas a nivel secundario de la nación norteamericana. Sus textos han sido publicados en revistas y antologías en América Latina, Asia, EE.UU., Europa y el Medio Oriente, tales como: *"Entrelíneas"*, publicación de la Asociación Israelí de Escritores en Lengua castellana en Tel Aviv, Israel (AIELC, 2003); *"Desde una plataforma en Manhattan" Antología poética de Maricel Mayor Marsán (1986-2006)*, publicada por la Universidad Autónoma de México en el D.F. (UAM, 2008); y la antología *"Trato preferente. Voces esenciales de la poesía actual en español"*, publicada en Madrid, España (Sial Ediciones, 2010). Reside en Miami, Florida.

HABITAR LAS SOMBRAS DE LA TARDE

sombra con sombra, contra la sombra hasta que ruede
a la desnuda vida creciente de la nada.
"Sigo en la sombra, lleno de luz: ¿Triste el día?"
Miguel Hernández

Traigo la tristeza bordada en esta vida,
penuria de la edad que se consume en sus heridas
como grietas de un alma envejecida,
la cicatriz en la piel que no se borra
y la habitual confusión que no se olvida.

Vengo a desmenuzar los huesos,
dejar correr el tiempo a su aire,
sentir el vértigo de los años transcurridos
y habitar las sombras de la tarde.
Lo que queda es un leve vestigio del asombro.

Reconozco un aviso universal en el destello,
esa ráfaga efímera de luz que me ilumina el rostro.
En un instante, me ronda la noche y sus estrellas,
me despido de la tarde y de las sombras,
encamino mis pasos hacia el umbral de la tierra.

Maricel Mayor Marsán

Mariela Abreu Ortet nació en Matanzas, Cuba. Poeta, narradora, guionista y diseñadora gráfica. Es licenciada en Lengua y Literatura por la Universidad de La Habana. Trabajó en Colombia para TV-Cine como argumentista de guiones. Fue incluida en la antología poética *Impronta de los rincones - Antología Temática de Autores del Sur de la Florida* (Ediciones Baquiana, 2002). Ha publicado el libro de poesía: *Poemas desde el horizonte* (2003). Sus poesías y cuentos han aparecido en diferentes publicaciones, tales como *Alma Mater* de la Universidad de La Habana (Cuba), el diario *El País* (Colombia) y la *Revista Literaria Baquiana* (Estados Unidos). Reside en Tampa, Florida.

PEQUEÑO HOMENAJE PARA UN POETA GRANDE

A Miguel Hernández

Sentado sobre esa piedra
tu silueta describe un pastor de Orihuela.
Pastor en silencio velando un rebaño
que va en el camino rumiando la nada.

Pero se recorta al tiempo la silueta vacía
y en tu caballo verde para la poesía,
transitas el aire reinventando el paisaje
de ese suelo sumido en la noche y el lastre

Tus ovejas miran como emprendes el vuelo,
en la sabia y serena candidez de sus ojos,
remontas los paisajes que al surcar con tu pluma
inventan una forma de gritar en silencio.

Desgarrado tu cuerpo por alambres de púas,
el cuerpo de un poeta en la entrega a su patria.
Pero el alma esta intacta, no conoce los tiempos,
no hay barrotes ni dudas más allá de la calma.

Te atormenta esa España que ha quedado enquistada
en el cuerpo y el alma de la mujer amada
y en el llanto lejano de un niño que te llama.

No le temas poeta a un segundo de infamias,
para siempre en los campos han quedado tus marcas,
nutriendo a este planeta que tanto las reclama.

Y tu España querida plagada de esperanzas
se levanta y erguida te recuerda y te sana.

Mariela Abreu Ortet

Milena Ferrer Saavedra nació en La Habana, Cuba. Cursó estudios de Español y Literatura en el Instituto Superior Pedagógico "Enrique José Varona" y en la Universidad de la Habana en la Facultad de Filosofía e Historia. Ganó el primer premio en el concurso de Poesía convocado por el ISP "Enrique José Varona" en la Jornada del Idioma en el año 2000. Obtuvo una primera mención en el concurso de Poesía "Pinos Nuevos" convocado por el Instituto Cubano del Libro en el año 2003. Fue ganadora del primer premio en el concurso "Nuevos Valores de la Poesía Hispana 2009", convocado por el Centro Cultural Español de Cooperación Iberoamericana en Miami y Ediciones Baquiana, con su libro *Quimeras* (2010). Actualmente cursa estudios en el InterAmerican Campus del Miami Dade College. Reside en Miami, Florida.

DISPERSO ENTRE TUS VERSOS

A Miguel Hernández

La muerte huele a barro
y esconde sus garras tras el páramo
de unos tristes ojos negros.
Es marzo y la ventisca arrastra
el polvo de las ciudades.

El porvenir te aclama
y un pájaro que trina tus cantos
despierta cada mañana tras tu ausencia.

Ayer era sombra mi cuarto
y tú vagabas disperso entre tus versos,
con una rosa en el pecho
                              y una luz,
esa luz que ampara a los cuerpos intensos
que vienen a la vida
después de la muerte.

Milena Ferrer Saavedra

Myrna Nieves nació en San Juan, Puerto Rico. Poeta, narradora, crítica literaria y profesora. Tiene una licenciatura en Literatura Comparada de la Universidad de Puerto Rico, una maestría en Español de Columbia University y un doctorado en Literatura Latinoamericana de New York University. Es catedrática y miembro fundador del Boricua College, donde dirigió por veinte años la Serie Invernal de Poesía. Es columnista mensual de la revista *Nosotros los latinos*. Su obra se ha publicado en los siguientes medios de prensa: *Revista Literaria Baquiana, The Poetry Project, Revista del Instituto de Cultura Puertorriqueña, And Then* y *Brújula / Compass,* entre otros. En 1990 co-editó la colección bilingüe de prosa y verso *Tripartita: Earth, Dreams, Powers* y el Nuyorican Poets Café presentó su drama *Directory of Dreams*. En 1997 la Editorial de la Universidad de Puerto Rico publicó su libro *Libreta de sueños* (narraciones). En 1998 el periódico el *Diario La Prensa*, de Nueva York, la selecciona como una de las 50 latinas más destacadas de los Estados Unidos. Fue ganadora del segundo premio de cuento del PEN Club de Puerto Rico en 1998. En 1999, la III Feria Internacional del Libro de Puerto Rico le dedicó, junto a otras escritoras, un homenaje por su labor literaria y cultural en el exterior. En el 2000 su obra sale publicada, junto a otras escritoras, en la antología de prosa y verso *Moradalsur*. Reside en Brooklyn, Nueva York.

A MIGUEL HERNÁNDEZ, DESDE ESTA ORILLA

En ti, Miguel, como una tierra fértil
Creció para España un árbol de dolor y aliento
Y lejos en el tiempo y el espacio
Tus versos riegan de sangre y valor
Los campos desesperados de mi tierra

Yo tengo, como tuviste tú, un pueblo
Atado de pies y manos por la violencia
Caribeño, colonial, sin empleos, muriendo a gotas
Entre fanfarronerías y disparates de políticos torcidos
Mientras en el exilio la emigración -infierno y paraíso-
Unión a los que en dos orillas se añoran y se ignoran

Mas el fluir de las mujeres es el mismo para todos
Y el canto viene puro y pleno por las esquinas
Entonado por mujeres y hombres de entereza
Los que aman la siembra de las virtud
Los que honestamente quieren laborar
Levantar la frente contra la injuria
Embistiendo como el toro
Urdiendo tempestades de esperanzas
No hay, Miguel, prisiones eternas
¿Quién ha puesto al huracán
jamás ni yugos ni trabas,
ni quién al rayo detuvo
prisionero en una jaula?

Myrna Nieves

- 77 -

Nicolás Efrén Linares Sánchez nació en Bogota, Colombia. Poeta y activista cultural. Fundador de la República Poética de Funzatativa (con sede en Colombia) y estudiante del Borough of Manhattan Community College. Co-director del Colectivo Poetas en Nueva York, con quienes ha organizado el Maratón Cultural y el Encuentro de Poesía "Poetas en Nueva York" durante los últimos cuatro años. Fue director de la revista *La Orgullosa Calaquita*, además de colaborar con diferentes publicaciones y revistas como *Baquiana*, *Hybrido Magazine*, *El Barco Ebrio 1 y 2*, *Revista El Ático* (Bogota, Colombia) y *Casa Tomada*, entre otras. Ha publicado los poemarios: *Los Hijos de Tisquesusa* (Bogota, 2004); *SINASCO, Sindicato de Astronautas Colombianos* (Nueva York, 2007); y *Alteración del Orden Público* (Nueva York, 2009). Reside en la ciudad de Nueva York.

JUEGO DE ADULTOS

> *Pintada, no vacía:*
> *pintada está mi casa*
> *del color de las grandes*
> *pasiones y desgracias.*
> **"Canción última" -- Miguel Hernández**

Mañana chocolatosa
arepa con mantequilla,
huevo frito
sin deslactosar.

Afuera, marca un termómetro
el punto más cálido
de un invierno desolador.
Corazones deshechos
hombres, mujeres
no encontraron redención.

Los niños, indiferentes
siguen jugando al tingo-tango
ignorando el fin del tiempo.
Sus almas inocentes
hacen del Apocalipsis,
asunto sin importancia;
juego de adultos
donde los árboles serán amenazados
por la estirpe
de sierras y cuchillos.

Más allá en el firmamento,
una nube se desangra
el sol ríe y reniega.

Nicolás Efrén Linares Sánchez

Patricio E. Palacios nació en Santiago de Chile. Periodista, fotógrafo, ilustrador, editor y director ejecutivo de la Revista Literaria Baquiana y de Ediciones Baquiana. Por su labor editorial ha recibido reconocimientos en Chile y en Estados Unidos. Es un activo promotor de actividades culturales en la ciudad de Miami. Ha participado en la Feria Internacional del Libro de Miami, en la Feria Internacional del Libro del Palacio de Minería en Ciudad México, D.F., en los festivales de poesía Ardentísima (Murcia, España y San Juan, Puerto Rico) y Cosmopoética (Córdoba, España), así como en otras presentaciones culturales y conferencias en Estados Unidos y en varios países de América Latina. Es co-editor del libro bilingüe de críticas literarias *Perfiles y Sombras / Profiles and Shadows* (2005). Sus fotografías y dibujos han ilustrado varios libros, entre los que caben destacar: *Impronta de los rincones – Antología Temática de Autores del Sur de la Florida* (2002); *Las Letras – Homenaje a Carmen Conde en su centenario*, publicado por el Patronato Carmen Conde y Antonio Oliver en Cartagena, España (2006); y *José Lezama Lima y la mitificación barroca* (2007). Participó en el libro y CD-ROM dedicado a Carmen Conde, *Bosque de Palabras*, que publicó la editorial Huerga & Fierro (Madrid, 2009). Ha trabajado por más de dos décadas en la televisión hispana de los Estados Unidos. Reside en Miami, Florida.

Patricio E. Palacios – Fotografía "Palmera espigada"

*La palmera levantina,
la columna que camina.*
"La palmera levantina" – **Miguel Hernández**

Ramiro Rodríguez nació en Tamaulipas, México. Poeta, ensayista, narrador y dramaturgo. Es graduado de una licenciatura y una maestría en Letras hispánicas por la Universidad de Texas en Brownsville. Es catedrático de la Universidad de Texas y del Texas State Technical College, Recinto de Harlingen. Ha participado en talleres literarios con los escritores Orlando Ortiz, David Toscana y Carlos Chimal, así como en talleres de letras del Estío de Ciudad Victoria, Tamaulipas. También ha colaborado en diversas revistas como *Fronteras* de CONACULTA, la *Revista de la Universidad de Ciudad Victoria*, *Novosantaderino* y la *Revista Literaria Baquiana*. Obtuvo el Premio Estatal de Poesía 2008 que convoca el ITCA, el "Altair Tejeda de Tamez" 2008 y el segundo lugar en el mismo certamen en el género de cuento, convocados por la Secretaría de Educación en Tamaulipas. Aparece en la edición anual de *Matamoros Literario* que presenta el Ateneo Literario José Arrese de Matamoros. Es compilador de las antologías: *Veinte años de poesía en Matamoros 1977-1997* (1998) y *Matamoros Literario 2002 Visión Antológica* (2003), que ofrecen un panorama de la literatura de Brownsville y Matamoros. Es autor de los libros: *Claustros vedados al penitente* (2002), *Alfalogías* (2001), *Destiempo* (2002), *Desierto Azul* (2005) y *Cosmogonía de la palabra* (2008). Reside en Brownsville, Texas.

VIGÉSIMA DE LAS FRUTAS

Me tiraste un limón, y tan amargo.
"Poema No. 4" – El rayo que no cesa – Miguel Hernández

Si dices sin rodeos que me quieres
se derriten de gusto las guayabas,
se pueblan de fulgores las palabras
en los espasmos de limones verdes.
Si dices que mi vientre te estremece
me lamen de calor las mandarinas,
sin la catarsis se me acaba el día
en la ebriedad sutil de las toronjas,
la maldad de las uvas me trastorna
en un coloquio inquieto de semillas.
Si dices sin rodeos que eres mía
soy mango para el tacto de tus manos,
durazno que consiente tu descaro
y en tu lengua, el licor de la sandía.
Si dices que en mis brazos resucitas
la textura del níspero se enmienda,
se convulsionan de color las fresas
en la blancura intensa de tus dientes,
si dices fragmentarte de placeres
en los cuerpos tatuamos la materia.

Ramiro Rodríguez

Ricardo León Peña Villa nació en Medellín, Colombia. Poeta, escritor, compositor y periodista. Es co-director de la revista digital *Red y Acción* en la actualidad. Dirigió las revistas *Casa Tomada* (2004 –2006) y *La ñ* (1994-1997) y fue reportero de entretenimiento, arte y cultura para el diario *La Prensa* (1999 – 2002), publicaciones de la ciudad de Nueva York. Ha publicado los libros: *Sinasco*. Poesía de tres autores en edición bilingüe. Nueva York, EE.UU. (2007); *Loisaida: Historias del Frío*. Cuentos. Medellín, Colombia (2005); *Decir New York: Testigo Propio*. Poesía. Valladolid, España (2002); *Treintaitres*. Poesía. Medellín, Colombia (1996); *Tigre de Aries*. Poesía, edición bilingüe. Nueva York (1993); *Edge of Twilight*. Antología. Biblioteca Nacional de Poesía. Maryland, EE.UU. (1992). Ha sido premiado en cuatro ocasiones con *The National Hispanic Media Awards* (2000-2001) por su trabajo como periodista en el diario *La Prensa* de Nueva York y recibió el premio "Edge of Twilight Award" con el poema "Brown and Blue" por la Biblioteca Nacional de Poesía en Maryland, EE.UU. (1992). Ha sido productor del "Festival de cine colombiano en Nueva York" en 1992 y 1994, y director del "Encuentro de Nueva Poesía" (Nueva York – 2004, 2005, 2006). Su obra ha sido presentada en diferentes ciudades de Colombia, Argentina, Puerto Rico y Estados Unidos. Reside en la ciudad de Nueva York.

AMADO AMADOR MIGUEL

Ausencia en todo siento:
ausencia, ausencia, ausencia.
"Poema No. 29" – Cancionero y Romancero de Ausencias
Miguel Hernández

Amado poeta Miguel
Cantador
Catador
Del verso y del amor.

Amado guerrero Miguel
Del Quinto regimiento
Sangre en tinta
Caminos de polvo y tierra
De arado y nacimiento
La misma del árbol carnal
La misma tierra rasgada
Eterna madre que alberga tu cuerpo
Y desde donde floreció tu canto.

Amado amador Miguel
Canto de uno para tantos
Alma en pena por cien años
De traición en la frontera
De la pena de las rejas
Vivo de amor por Josefina
En letras de sus cartas
En tinta de tus versos
"Escríbeme paloma
Que yo te escribiré" le cantabas.

Amado y triste cantor
Tuviste amigos de sol que sombra fueron
Cuando prisionero -no vencido-
Cantaste al eterno invierno
Cantaste al amor y los que amamos
Amante amador, Miguel.

Ricardo León Peña-Vi

Rina Lastres nació en Manzanillo, Cuba. Poeta, narradora y guionista radial. Inició estudios de periodismo en la Universidad de La Habana. Vive en los Estados Unidos desde 1980, dedicada a la prensa radial y escrita. Trabajó por más de dos décadas como supervisora de guionistas de radio. Durante cuatro años fue redactora y gerente de producción de la revista *Industria y Mundo Turístico*, publicación especializada en turismo, editada para agentes de viajes en la América Latina. Sus poemas y cuentos han sido publicados en la Revista Literaria Baquiana y en otros medios de prensa en los Estados Unidos y España. Ha publicado el libro de poesía *Hábito de Ser* (Madrid, España) en 2003 y el libro de cuentos *Soledad para tres y una vaca* (Miami, Florida, EE.UU.) en 2006. Su obra poética y narrativa forma parte de la antología *Voces con acento*, publicada por la Asociación Cultural Myrtos Gramma Al manar (Sevilla, 2009). Reside entre Madrid, España y Miami Lakes, Florida.

CANCIÓN BREVE PARA EL POETA DE ORIHUELA

A la memoria de Miguel Hernández

Poeta de la ternura y de la guerra
llegas por el levante,
como el alba llegas.
Tus palabras olivares,
y la cebolla tu aliento
y tu España dividida:
dos guitarras, dos tristezas.
Y tus pulmones cansados
"ruinas de la mejor perla".
Y tu recuerdo una espiga
donde siempre es primavera.

Rina Lastres

Roberto Ferrer nació en La Habana, Cuba. Poeta y escritor. Cursó estudios de Agronomía e Historia en la Universidad de la Habana. Se graduó con una Licenciatura en Literatura Cubana. Trabajó en la Editorial de Ciencias Sociales en Cuba, donde realizó las funciones de editor y de jefe de redacción por casi dos décadas. Formó parte del equipo de redacción de la Revista del Libro Cubano. En los Estados Unidos ha colaborado con la Revista Literaria Baquiana. Ha publicado los libros de poemas *Numeritos* (2007) y *Palabras* (2009) con la Editorial Betania en Madrid, España. Reside en Miami, Florida.

SOBRE EL PARAÍSO DE LA SÁBANA

> *Pide que nos echemos tú y yo sobre la manta,*
> *tú y yo sobre la luna, tú y yo sobre la vida.*
> **Miguel Hernández**

cierro los ojos
y es el tacto
los dedos recorren
el temblor de la piel madura

retiro la mano
y es el olor
de unos poros donde se aspiran
los perfumes naturales más queridos

y como una floración
que ignora el pudor
se abre sobre el paraíso de la sábana
un cuerpo
deseándolo todo

Roberto Ferrer

Rogelio López Marín (Gory) nació en La Habana, Cuba. Fotógrafo, pintor y diseñador gráfico. Graduado con una licenciatura de la Escuela Nacional de Arte "Cubanacan" en La Habana y con una maestría en Historia del Arte de la Universidad de La Habana. Fue fotógrafo de la revista del Ministerio de Cultura Cubano (1975-1991) y diseñador de portadas de discos para la compañía de grabaciones musicales cubanas EGREM (1978-1991). Se desempeña como pintor y fotógrafo *freelance* en los Estados Unidos desde 1992 hasta la fecha. Su obra forma parte de la colección permanente de los siguientes museos: Museo Metropolitano de Arte (Nueva York), Museo de Arte del Condado de Los Ángeles – LACMA (California), la Galería de Arte *The Corcoran* (Washington, D.C.), Museo de Fotografía Contemporánea (Columbia College, Chicago), Museo de Fotografía del Sureste (Daytona Beach, Florida), Museo de Bellas Artes (Houston, Texas) Museo de Arte de Fort Lauderdale (Florida), Universidad de Lehigh (Bethlehem, Pennsylvania) y el Museo de Arte de Miami – MAM. Reside en Miami, Florida.

Rogelio López Marín – Fotografía "Desnuda en la Calle Ocho"
(Gory)

Es demasiado poco maniquí,
vivo al viento del más visible trigo,
la caña de la escoba para ti,
a la fuerza del pájaro enemigo.
"Poema No. XIX" – Perito en Lunas
Miguel Hernández

Ronald Chacón nació en El Salvador. Artista plástico: pintor, dibujante y muralista. Graduado con una licenciatura en Bellas Artes de la Universidad de Maryland (College Park) y una maestría en Educación del Arte del Maryland Institute / College of Art. Ha sido co-fundador, coordinador de arte y activista comunitario del Latin American Youth Center / Art & Media House, desde el año 2003 hasta el presente. Coordina para el capítulo del área de Washington, D.C. el concurso nacional de carteles "Latino ArtBeat", que ayuda y promueve a jóvenes artistas que desean continuar sus estudios universitarios. Ha servido como intermediario –*liaison*– entre la Oficina Central de Exhibiciones de la Oficina del Museo Smithsonian, la Oficina de Educación, el Programa ArtReach de la Escuela de Arte de la Universidad Corcoran y la Sociedad Histórica de Washington, D.C. con los jóvenes internos y voluntarios que desean colaborar en proyectos especiales. Su obra ha sido expuesta en: el Consulado de El Salvador (Washington, D.C. - 2005), la Universidad de Maryland (2006), Gallery One (2007), Centro NIA Group (2007), Rumberos Gallery (2008), Latiness Group Show/Prince George's Community College (2008), el Instituto Maryland / College of Art (2009) y el Centro Cultural John Paul II (Washington, D.C. – 2009). Reside en New Carollton, Maryland.

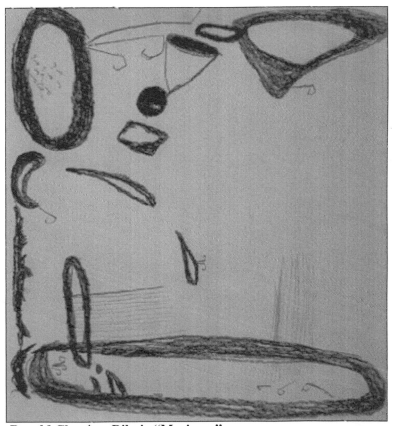

Ronald Chacón – Dibujo "Marinero"

*El mar también elige
puertos donde morir.
Como los marineros.*
**"Poema No. 79" – Cancionero y Romancero de Ausencias
Miguel Hernández**

Sabrina Román nació en Santo Domingo, República Dominicana. Poeta, narradora, dramaturga y periodista cultural. Sus textos de poesía y prosa han sido publicados tanto en antologías poéticas como narrativas, reproducidos en diarios y revistas especializadas, y su obra ha sido objeto de estudio en círculos académicos internacionales. Sus ensayos críticos se encuentran dispersos en publicaciones nacionales e internacionales, y otros editados como artículos, tales como: *Pedro Henríquez Ureña y el mágico evento de su presencia en América, Propagadores del pensamiento infinito o eternos habitantes de un tiempo abstracto, Visiones de un evento de símbolos* y *República Dominicana tierra de poetas,* entre otros. Fue Cónsul General de la República Dominicana para el área de New England con sede en Boston, Massachusetts; fungió como Agregada Cultural en el Consulado de la República Dominicana en Miami; y ha sido Sub-directora de la Biblioteca Nacional de la República Dominicana. Fue directora de la galería de arte Inner Tropical Center of the Arts en Coral Gables y se ha dedicado a otras actividades culturales en el sur de la Florida desde 1999. Ha publicado los libros: *De un tiempo a otro tiempo* (1978), *Palabra Rota* (1983), *Imagen repetida en múltiples septiembres* (1989), *Carrusel de mecedoras,* fantasía teatral en un acto (1994) y *Poniente taciturno* (1999). Reside en Miami, Florida.

MIGUEL DE ORIHUELA

Sonreír con la alegre tristeza del olivo,
esperar, no cansarse de esperar la alegría.
"Sonreír con la alegre tristeza del olivo" – Miguel Hernández

Hermano del silencio y la campana
en el viento primaveral como un rayo has viajado
tu aliento insaciable despeina aún sus hojas y sus flores.
Hermano del río y de la aurora, del fuego y de la luna
en la hebra del camino sembraste tu andar luminoso,
transeúnte iluminado y tierno te fuiste…
con tu amorosa espada empuñada atravesando el destino de tus días
Cuando cerrabas tus ojos navegabas esperanzado y vasto
las burbujeantes aguas de tu alma cósmicamente inquieta y fulgurante.
Anoche Miguel de Orihuela…pensé en la tierra estremecida.
                    ¡Tú ya no la conoces!
Es frágil, confusa…atormentada,
gimiente como una amante tristemente abatida.
Puntito azul perdido en la eternidad del universo
tembloroso y pálido hambriento de paz.
Teatro absurdo se ha vuelto nuestra tierra
                    teclas pantallas arrítmicos cantares
                    carencias deshielos extrañas agonías
               Tú ya no estás con tus luces y sombras
cabalgando el vagaroso silencio de las penas.
La sangre de cebolla que amamantó el porvenir de tus huesos
ha dejado de olerle a tu tristeza flor de limonero
Aún así desde anoche te he buscado en la hondura del tiempo
en tu rayo que no cesa, en las ojeras profundas de tu ausencia
allí donde duerme tranquilo ese polvo bendito
de los ángeles untados de estrellas,
te he buscado como se busca un ensueño en la memoria.
A tu sombrero preferido…la luna, pido consolidar mi alegría.
A tu barca preferida…el viento, pido mecerme entre sus notas.
Anoche Miguel de Orihuela encendí mi vida de tu canto
para volar el vuelo de tu gloria.
De tu noche eternamente iluminada empapar mis ojos abiertos.
Desandar despacio la senda del poeta hasta Alicante
con el corazón pintado de azul como el cielo
y tu alegre tristeza del olivo asomada a mi esperanza.

Sabrina Romá

Santiago Rodríguez nació en Guantánamo, Cuba. Estudió Ingeniería Química en Santiago de Cuba y allí formó parte del grupo literario Los Diez, fundado en 1960. Arribó a La Habana en 1965 donde conoció a la pintora Antonia Eiríz, quien lo inició a través del papier-maché en el mundo de la pintura. Ha publicado los libros: *La vida en pedazos* (novela), *Una tarde con Lezama Lima* (cuentos), *Mírala antes de morir* (novela), *El socialismo y el hombre viejo* (poesía) y *En el vientre de la ballena* (críticas de cine). Reside en Miami, Florida.

MIGUEL

Hernández, cuando yo era joven y te leía, aquel pequeño libro entre mis manos, echando a un lado a las Matemáticas y a la Física, el horror de un semestre sobre la corriente alterna, ¿no sería mejor convertirse en un poeta? Qué tiempo hoy de estar sin ver lo que dejamos atrás, como si la memoria fuera repetir nombres de memoria, él, el español de sueños que eras; tú, el de palabras como alimento, ambos fundidos escribían bien, aún dos o tres líneas recuerdo, entre nanas y cebollas, cantos de libertad, que lo mismo dio por darte la razón que seguir con las integrales, aquella vez sin hacer caso, ahora no, dicen que hombre por las artes voy perdido entre los años y los desengaños, para dudar tal vez, esa negra y única vez cuando me preguntaron qué eres o qué pintas si vienes de dónde vienes, y el pequeño libro que viajaba ya no entre mis manos tembló en el fondo del equipaje, se quedó un poco helado, frío bajo el calor de Miami, si no sé, si no seré, te salvé para salvarme, Hernández Miguel a mi lado, tú sin los aires de vejez, yo sin saberlo al andar marchito, un poco ajado.

Santiago Rodríguez

Tanya Torres nació en Nueva York, EE.UU. Poeta, narradora, periodista, profesora y artista visual. Es graduada del City College of New York con una licenciatura en Educación del Arte y una maestría en Bellas Artes, con especialidad en Grabado. También ha estudiado en la Universidad de Puerto Rico y en la Universidad de Alcalá de Henares en España. Su trabajo artístico ha sido presentado en lugares como la ONU, la Biblioteca Pública de Nueva York, el Hostos Community College, la Biblioteca del Centro de Estudios Puertorriqueños, el Consulado de Honduras y la Casa de la Cultura Dominicana (en Nueva York), el Taller de América Latina y el Museo de la Familia Dominicana del Siglo XIX (en República Dominicana) y en el Museo Porta Coeli del Instituto de Cultura Puertorriqueña (en Puerto Rico), entre otros. Ha publicado los libros de poesía y prosa poética: *Cuerpo de Batalla, Sagrario, I Can Certainly Survive, Bestiario mío* y *Cuerpo de paz.* Ha impartido cursos para niños en el Museo Metropolitano de Arte de Nueva York, como parte del programa "El Primer Contacto con el Arte". En 1999, fundó Mixta Gallery en East Harlem. Su trabajo ha sido reconocido en revistas como *AHA Magazine* y periódicos como *El Nuevo Día, Siempre, El Diario / La Prensa* y Hoy. En 2002, fue elegida como una de las 50 Mujeres del Año por *El Diario / La Prensa* de Nueva York. Reside en El Barrio, Nueva York.

Tanya Torres – Dibujo "Vuelo de Miguel Hernández"

Sólo quien ama vuela. Pero, ¿quién ama tanto
que sea como el pájaro más leve y fugitivo?
"Vuelo" – Miguel Hernández

Teonilda Madera nació en la República Dominicana. Poeta, narradora, dramaturga y profesora de Literatura Hispanoamericana. Graduada con un doctorado en filosofía por la Universidad de la Ciudad de Nueva York. Recibió el prestigioso *Willa Elton Memorial Prize for Excellence in Spanish Literature*. Es miembro del Círculo de Escritores y Poetas Iberoamericanos de Nueva York. En 1993 obtuvo, con su poemario *Canela y miel*, la Primera Mención Honorífica en el XXX Certamen Literario Internacional Odón Betanzos Palacios. Ha publicado en periódicos y revistas literarias como: *El Diario La Prensa, Meridiam, Relicario, Brújula, Baquiana, MaComére, Hola, Latinoamérica en Vilo, Boletín Cultural Informativo de la Universidad Dr. José Matías Delgado*, entre otras. Su obra ha sido antologada en: *Evas Terrenales, Moradalsur, Ensayos Críticos Sobre Escritoras Dominicanas del Siglo XX* y *Poetas por El Salvador*. En el 2000 participó en la *Tercera Exhibición Internacional de Poemas Póster* realizada en St. Thomas University (Canadá). Ha sido traducida al húngaro. Ha publicado los libros: *Corazón de jade con lágrimas de miel* (1995), *Van llegando los recuerdos* (1998), *Sorbitos de café en paisajes yertos* (2001) y *Un camino carmesí: A Crimson Path* (2009). Recibió la Orden al Mérito Ciudadano del Consulado Dominicano en Nueva York (2010). Reside en Teaneck, Nueva Jersey.

UN CAMINO CARMESÍ

Si la sangre también, como el cabello,
con el dolor y el tiempo encaneciera,
mi sangre, roja hasta el carbunclo, fuera
pálida hasta el temor y hasta el destello...
Miguel Hernández

Una mujer es un camino carmesí
que se inunda a veces;
una mujer es un arcano
que viene de cabeza,
o de pie a estrellarse
en el precipicio de la vida.

Una mujer es un oráculo
acostumbrado a que le lluevan
encima vidas infinitas.

Una mujer es un ciclo de lágrimas
rojas, un acertijo terrenal,
fluvial y material que se abrasa
y se derrama en un paraíso recuperado.

Teonilda Madera

Teresa Bevin nació en Camagüey, Cuba. Narradora, traductora y profesora de psicología. Graduada de la Universidad George Washington en Washington, D.C. y de la Universidad de Maryland en College Park, Maryland. Ha sido catedrática de psicología, asesora en técnicas de consejería y coordinadora del departamento de lenguas extranjeras en Montgomery College (Takoma Park, Maryland). Su relato "City of Giant Tinajones" (*Ciudad de Grandes Tinajones*) aparece en la antología sobre literatura latina en los Estados Unidos, *The Prentice Hall Anthology of Latino Literature* (Prentice Hall, New Jersey, 2002). Ha incursionado en el género de novela juvenil bilingüe, que incluye currículo y lecciones, con el libro *Tina Springs into Summer / Tina se lanza al verano* (Gival Press, Virginia, 2005). En el 2001 recibió el premio "Bronce" que otorga la revista ForeWord Magazine por la mejor traducción de ese año y en el 2002 fue finalista en la categoría de ficción multicultural del grupo Independent Publisher Online por su obra y traducción de los mismos, la colección bilingüe de cuentos *Dreams and Other Ailments / Sueños y otros achaques* (Gival Press, 2001). Su novela *Havana Split*, publicada por la Universidad de Houston, (Arte Público Press, 1998) fue nombrada por el periódico The Miami Herald entre uno de los libros más importantes del año 1998. Reside en Santa Fé, Nuevo México.

ENCUENTRO CON MIGUEL HERNÁNDEZ

Cuatro días de lluvias sin tregua habían dejado brechas en el lodo y en algunas tejas, que ante el torrencial asedio, dejaron anegar el escritorio de mi padre y un estante de libros viejos. Sintiéndome inútil ante el febril ajetreo de los mayores salí a saltar charcos y a estrenar un mundo recién lavado.

Horas después, anticipando el irritado tono maternal, regresé con sigilo cubierta de barro y con los zapatos en la mano. Pero quien me voceó fue mi abuelo desde el techo, erguido como un gigante y con tejas nuevas entre los brazos:

> *"Nunca tuve zapatos*
> *ni trajes, ni palabras:*
> *siempre tuve regatos,*
> *siempre penas y cabras."*

Abuelo hablaba mucho de lo que no tuvo de niño, pero lo decía con orgullo en lugar de amargura, y a veces en versos que le brotaban como el aliento. Aquella vez abuelo se tornó de paso en mi vínculo con el poeta.

Ese mismo día, cuando por fin se sentó a descansar, le pregunté a abuelo de donde venían sus dichos, y sin titubear dio crédito a locos y poetas, los únicos capaces de decir mucho con pocas palabras. Y me habló de la obra de quien aún no había nacido cuando ya él era marino en un buque de carga rumbo a Cuba. Nunca antes se había interesado mucho por la poesía, pero con el tiempo se había visto obligado por el mar.

Mi abuelo nos dijo un día que ya se le acercaba la hora de zarpar a donde no tendría que afeitarse más, y empezó a regalarnos sus cosas. Como éramos muchos nietos y él no acumulaba lo que no tenía utilidad, no nos tocaba mucho. A mi me dejó su antiguo telescopio de marino, y un poemario de Miguel Hernández. Allí encontré mucho de lo que le había oído decir a diario, como "temprano madrugó la madrugada," su frase para todo lo que llegaba antes de lo esperado, y la última que le escuché.

Diez años más tarde, cuando me preparaba para emigrar a España sola, adolescente, y cargada de sueños, mi padre me advirtió que no debía esperar una calurosa bienvenida por parte de nuestros familiares españoles.

Habían visto mucha muerte durante la guerra civil, y lo habían perdido todo. Me explicó que en aquel tiempo algunos familiares les enviaban desde Cuba lo que más solicitaban; telas e hilos negros para cubrirse de luto con dignidad mientras pasaban hambre. Mi padre lamentó que los más prósperos no hubieran sido más generosos con los que quedaron en la madre patria.

Aquella tarde releí los poemas de ausencia, amor, hambre y muerte del poemario que heredé de abuelo, y mi mente se pobló de imágenes tristes.

> *"Ayer amaneció el pueblo*
> *desnudo y sin qué ponerse*
> *hambriento y sin qué comer"*

En España no encontré familiares empobrecidos y amargados, sino gente alegre, acogedora, y optimista, tal vez con algunas trincheras de batalla sobre las frentes de los más viejos. Y me llenó de nostalgia encontrar también varios de aquellos poemas musicalizados por Serrat. Las familiares palabras hilvanadas hacía décadas me llegaban de nuevo, reforzadas por la música y la expresión del trovador de trovadores.

El poeta había nacido justo a tiempo para que la guerra lo pillara adulto y ansioso por incorporarse. Con la pluma como su arma más efectiva, había sacudido las murallas de su cárcel y dado aliento vital a las imágenes más angustiosas y solemnes de un momento crítico en la historia de España. En tres décadas de vida, sus grandes ojos grabaron lo mucho que habían visto, su corazón derramó imágenes que se revelaron sobre papel para generaciones venideras. Para mí.

Cada cierto tiempo el mundo se engalana con un genio que llega, mueve, conmueve, hace, deshace, obra, y construye, y se va como tormenta de mayo, como rayo que no cesa, para dejarnos algo que da vuelo al corazón, a la imaginación, al espíritu. Y de vez en cuando tenemos la fortuna de tropezarnos con sus obras, ya sea llevados por amor a la poesía, o de la mano de un abuelo marino que nos enseña a amarla. Así escalamos una ventana del tiempo para vivir lo que una vez fue y que ha contribuido a que seamos quienes somos.

Hoy, tras mucho andar, vivo lejos de la isla en que nací, de la España de mis abuelos, y de la populosa ciudad del este norteamericano donde hice mi vida. Resido en un mundo que una vez fue La Villa Real de la Santa Fé de San Francisco de Asís, Yootó para los navajos, y hoy simplemente Santa Fé, del montaraz estado de Nuevo México. Cuna de indios amantes de sus tradiciones, de descendientes de españoles y mexicanos, es un sitio con un alma vieja y vibrante. Aquí he venido a perderme en el vasto paisaje y a ver atardeceres gloriosos. Me he deshecho de mucha carga innecesaria, pero entre mis libros conservo aquel poemario manoseado por mi abuelo y luego por mí. Lo perdí por años y lo recuperé durante un viaje a Cuba. Ya no tengo que leerlo. Está conmigo, como una ventana del tiempo que rara vez abro, pero que aún me invita.

Teresa Bevin

Tino Villanueva nació En San Marcos, Texas, EE.UU. Poeta, pintor, editor y profesor. Se crió en el seno de una familia de trabajadores rurales, de ascendencia mexicana, conviviendo con dos lenguas, el español y el inglés, y con la dura realidad económica y social que afectaba a su comunidad en el suroeste de Estados Unidos. Después de realizar diversos trabajos y ser reclutado por el ejército para servir en el Canal de Panamá, pudo asistir a la Universidad Estatal del Suroeste de Texas, donde se graduó en Letras. Después, estudió una maestría en la Universidad Estatal de Nueva York en Buffalo y un doctorado en la Universidad de Boston, donde actualmente imparte cátedra. En 1984 fundó *Imagine: International Chicano Poetry Journal*. Su obra pictórica ha sido expuesta en galerías de arte de EE.UU. y Europa. Su obra ha influido en una generación entera de escritores chicanos y latinos que, desde la década de los 60 —en el contexto de las luchas por los derechos civiles— reivindicó el término chicano (apócope de me-chicano). Ha publicado varios libros de poemas: *Hay otra voz poems* (Edición bilingüe, 1972), *Shaking Off the Dark* (Edición bilingüe, 1984), *Crónica de mis años peores* (Edición en español, 1987) y *Scene from the Movie GIANT* (1ra edición en inglés, 1993), el cual ha tenido varias reediciones y fue ganador del prestigioso premio literario American Book Award en 1994. Reside en Boston, Massachusetts.

CHICANO IS AN ACT OF DEFIANCE

In memoriam a Rubén Salazar

¡Qué sencilla es la muerte: qué sencilla,
pero qué injustamente arrebatada!
No sabe andar despacio y acuchilla
cuando menos se espera su turbia cuchillada.
Miguel Hernández

En tu lengua—el discurrir de
la acentuada tinta: desafío
contra los que estereotipan.

"Chicano is an act of defiance"—decías.

Tendido de protesta,
tu último día.
En los fusiles (escondida) está
la muerte
compacta.

Exactitud de gatillos / Confrontación sin sentido.
La Raza reza—el resuello es un riesgo.
Estallo.
Disparos al azar—
　　　　la Raza reza.
Estallos parafascista
estallos paramilitares
estallos para matar las pupilas y
gargantas pertinaces.
El "Silver Dollar Café" es nada más para comer.
Alguien no supo leer las intenciones.
Mueren tres.

En el aire

quedó tu imborrable grito, comprometido.
Las perspectivas se desparramaron por las calles.

Un grito bien articulado
se puede descifrar.

Tino Villanueva

Uva de Aragón nació en La Habana, Cuba. Poeta, narradora, ensayista y periodista, quien también ha publicado bajo el nombre de Uva A. Clavijo. Recibió su doctorado en Literatura española y latinoamericana en la Universidad de Miami. Tiene una columna semanal en el "Diario de las Américas" desde 1987 y publica con frecuencia en diversas revistas literarias. Ha publicado los libros: *Eternidad* (1972), *Versos de exilio* (1975), *Ni verdad ni mentira y otros cuentos* (1976), *Entresemáforos* (1980), *Tus ojos y yo* (1985), *No puedo más y otros cuentos* (1989), *El caimán ante el espejo: Ensayo de interpretación sobre lo cubano* (1993), el poemario *Los nombres del amor* (1996) y su tesis doctoral, una crítica literaria a *Alfonso Hernández-Catá: Un escritor cubano, salmantino y Universal* (1996). Algunos de sus cuentos, poemas y artículos aparecen en antologías en español y en inglés. Ha recibido varios premios literarios, entre ellos el Premio de Poesía de Federico García Lorca, el Premio Simón Bolívar de ensayo, el Premio de Cuentos Alfonso Hernández-Catá, el Sergio Carbó de Periodismo y la prestigiosa Beca Cintas. Ha dictado conferencias y presentado ponencias en congresos en América Latina, Estados Unidos y Europa. En la actualidad ocupa el cargo de Subdirectora del Instituto de Investigaciones Cubanas (Cuban Research Institute) de la Universidad Internacional de la Florida. Reside en Miami, Florida.

YA ES HORA DE QUE HABLEMOS

> *...que tenemos que hablar de muchas cosas,*
> *compañero del alma, compañero.*
> **"Elegía" (A Ramón Sijé) – Miguel Hernández**

Desde niña he hablado con la muerte.
La vi llegar por la ventana y se llevó a mi padre.
Luego a una compañera de aula, apenas cumplidos los diez años.
Y desde entonces, a tantos seres que quiero.
Si, los quiero todavía a mis muertos siempre vivos.
Ya no necesito a la muerte como intermediaria para conversar con ellos.
Con mi padre igual rememoro los juegos de La Habana y Almendares
que le describo a los nietos y bisnietos que nunca llegó a conocer.
Con mi madre, ni se diga, todo se lo cuento,
y le pido consejos y de alguna forma me contesta desde su largo silencio.
Les hablo a mis viejos maestros, a mis abuelos,
al primo que murió en la guerra,
y a los amigos, esos de mil misma edad que se quedaron más jóvenes para
siempre   porque se fueron   primero.
Este rayo que es la muerte no cesa y hay tanto que hablar, compañero.
Es fácil hablar contigo, poeta y es fácil hablar con mis muertos.
Son los otros, seres vivos y, no creas, muchos buenos, pero sordos, los
que no escuchan,   no oyen,   no toleran.
Ese viejo sueño de amor y paz se me escapa entre las manos
como si fuera arena.
Ay, compañeros del alma, que tenemos que hablar muchas cosas...
a la sombra de los almendros,
esos que cobijaron nuestra infancia. Tanta verdad tanta mentira
separándonos desde entonces
que más vale hablar de pelota, de nietos, de poesía,
hablar hasta la madrugada,
escribir unos versos, atrevernos a soñar juntos, no sé, sembrar un árbol,
acaso cantar juntos un antiguo bolero, apurar un trago de ron,
llorar si hace falta, o lo que quieras,
pero pronto, compañero, que el dolor agota, y es hora ya
de espantar los demonios y abrazarnos
          de una vez bajo el sol caliente de la Isla.

Uva de Aragón

Vicente Dopico Lerner nació en La Habana, Cuba. Artista plástico. Graduado con una licenciatura en Artes (1974) y una maestría en Ciencias (1976) de la Universidad St. Thomas en Miami, Florida, EE.UU. Ha expuesto su obra de manera individual en importantes galerías y museos de Boca Ratón, Chicago, Denver, Key West, Miami, Nueva York (Estados Unidos), La Habana (Cuba), Santo Domingo (República Dominicana) y San Juan (Puerto Rico). Ha expuesto su obra de manera colectiva en más de 100 exposiciones. Su obra ha sido premiada en múltiples ocasiones: Premio del Departamento de Bellas Artes de Florida Atlantic University (1973), Beca de la Fundación Cintas del Instituto Internacional de Educación (1976), Premio en la XVI Exposición Anual de Bellas Artes de la Florida (1984), Premio en la XIX Exposición Anual del Museo de Bellas Artes de Ocala (1986), y la Mención de Honor en el IX Certamen Nacional de Aquamedia en Wichita, Kansas (1988), entre otros. Sus obras forman parte de las colecciones: Museo de Arte Moderno de Santo Domingo (República Dominicana), Casa de las Américas (La Habana, Cuba), Mizel Museum of Judaica (Denver, Colorado), The Harriet & George D. Cornell Museum of Art and History (Delray Beach, Florida), Institute of Art and Sciences (Santa Fé, Nuevo México) y la Fundación Cabral (República Dominicana), entre otras. Reside en Key West, Florida.

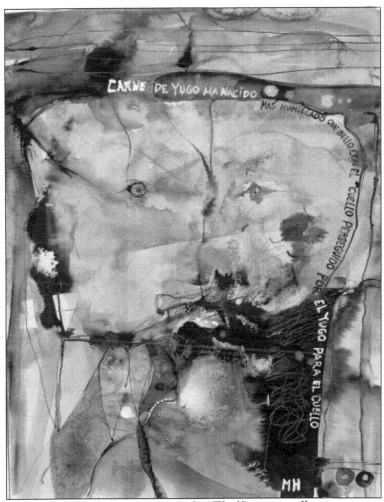

Vicente Dopico Lerner – Acuarela "El niño yuntero"

Carne de yugo, ha nacido
más humillado que bello.
con el cuello perseguido
por el yugo para el cuello.
"El niño yuntero" – Miguel Hernández

Víctor di Suvero nació en Italia, creció en China y vino a los Estados Unidos con su familia, como refugiado político a principios de 1941, durante la Segunda Guerra Mundial. Graduado con una licenciatura por la Universidad de California en Berkeley (1949). También fue redactor de la revista literaria *Occidente*, de la misma universidad, donde ganó el premio de "Ina Coolbrith" de poesía en 1949. Sus publicaciones incluyen: *Sal* (1951), *Horizontes del Corazón* (1951), *Poemas de la Vista* (1962), *Poemas de San Francisco* (1987), *Poemas de Tesuque* (1993), *Corazón Desnudo* (1997), *Tiempo de Cosecha* (2001), *Otra Vez la Primavera* (2005) y *Moving On* (2007), entre otros. Es co-editor con Jeannie Williams de la primera colección bilingüe –español e inglés– de la poesía de Nuevo México *¡Saludos!*, publicada por Pennywhistle Press (1986). Con su libro *Otra Vez la Primavera* recibió la medalla de bronce de la Asociación Independiente de Editores de los EE.UU. en 2007. Como activista de la poesía, ha sido director de la Asociación Nacional de la Poesía por cuatro años, estableciendo la semana nacional de la poesía en San Francisco en 1987, la cual ahora ha llegado a convertirse en el Mes Nacional de la Poesía, celebrado a través de los Estados Unidos desde 1991. Es miembro fundador del PEN Club de Escritores y de la Asociación del Libro de Nuevo México. Reside en Tesuque, Nuevo México.

SÍ, AÚN HOY

A Miguel Hernández

Nunca nos conocimos, pero aún te escucho
A través de estos años, como cuando estabas
A tus hermanos y amigos en las colinas cantando
En las colinas de Guernica y luego abajo
En los Valles de Cataluña, más joven que tú entonces
Más viejo que tú ahora, aún escucho tu voz de cuando
Yo estaba creciendo al otro lado del mundo
Escuchando la radio, cuales voces tartamudas
Nos traían las malas noticias, las noticias
Del final de la República Española, la toma del fascismo
De Franco, de todo eso gentil y fuerte
Y feroz y lleno de amor en esa tierra tuya
Que fue también la tierra donde mis antepasados vivieron
Por tanto tiempo, hasta el tiempo de la expulsión.
Tú que creaste el *Cancionero y Romancero de Ausencias*
Estás siempre presente en la compañía de esos que
Aún están aquí, triste por tu muerte, pero
Que están aún inspirados por tu valor
Y tu voz con la que cantabas tus canciones
De los valientes que pelearon y aún están peleando
Por lo que es correcto en este mundo, sí, aún hoy.

Victor di Suvero

Wilfredo Valladares nación en Colón, Honduras. Artista plástico y profesor. Graduado con una licenciatura en Bellas Artes del Maryland Institute College of Art (Baltimore) y con una maestría en Bellas Artes en la Universidad de Maryland (College Park), ambas con especialización en escultura. Es instructor de arte en el Ann Arundel Community College de Arnold, Maryland. Ha expuesto su obra, de manera personal y colectiva, en numerosas galerías y ferias de arte, tales como: Centro Cultural Pope John Paul II (Washington, D.C.); Feria Internacional de Arte "DANYA" (Corea del Sur); Galería de Arte de la Universidad del Norte de la Florida (Jacksonville); DC Arts Center; West Gallery de la Universidad de Maryland; la Galería del Palacio Municipal (Trujillo, Honduras); y la Embajada de El Salvador en Washington, D.C. Ha trabajado en múltiples instalaciones, entre las que se destacan: "El Dia de los Muertos I y II", "Gente de Barro" y "Ofrenda al Dios del Maíz", que explora la mitología Maya. Ha recibido las becas y premios siguientes: Daniel Nicholson Ohlke Memorial Fund Award de la Universidad de Maryland (1996-1997); Rheda Luntz Joseph Memorial Scholarship, Sgt. Ralph Roland Demuth Scholarship, William Ferguson Merit Scholarship del Maryland Institute College Art (1995-1996); y el Premio Internacional de Escultura "Plaza San Angello" en Milán, Italia (2001-2002). Reside en Washington, D.C.

Wilfredo Valladares – Escultura "Prisión verde"

Empieza a sentir, y siente
la vida como una guerra,
y a dar fatigosamente
en los huesos de la tierra.

Contar sus años no sabe,
y ya sabe que el sudor
es una corona grave
de sal para el labrador.
"El niño yuntero" – Miguel Hernández

BREVE CRONOLOGÍA DE LA VIDA Y OBRA
DE MIGUEL HERNÁNDEZ

- **30 de octubre de 1910** – Nace en Orihuela.

- **1925** – Abandona la escuela a los 14 años para trabajar cuidando el rebaño de cabras de su padre.

- **1927** – Comienza a escribir sus primeros poemas.

- **1930** – Aparecen sus primeros poemas publicados en los medios de prensa oriolanos: *El Pueblo de Orihuela*, *La voluntad*, *Actualidad* y *Destellos*.

- **1931** – Conoce a Josefina Manresa, su futura esposa. Viaja a Madrid por primera vez.

- **1932** – Dos revistas madrileñas publican entrevistas con Miguel Hernández: *Estampa* y *La Gaceta Literaria*. Regresa a Orihuela. Comienza una amistad con la pareja de intelectuales Carmen Conde y Antonio Oliver.

- **1933** – Se publica en Murcia su primer libro, *Perito en lunas*. Participa en la preparación de la revista *El gallo crisis*.

- **1934** – Lee su auto sacramental *Quien te ha visto y quien te ve* en el Salón Novedades de Orihuela. Su obra es publicada en la revista *Cruz y Raya*. Conoce a los poetas de la generación del 27 y, en particular, al poeta chileno Pablo Neruda, con quien establece una buena amistad. Da inicio a sus relaciones con Josefina Manresa.

- **1935** – Trabaja en la enciclopedia *Los toros*, de José M. de Cossío, para la editorial Espasa-Calpe y se vincula con las "Misiones Pedagógicas" de la República. Escribe el drama *Los hijos de la piedra*. Publica en la revista *Caballo verde*. Fallece su amigo Ramón Sijé. Entabla amistad con el poeta Vicente Aleixandre.

- **1936** – Publica la famosa *Elegía a Ramón Sijé*, dedicada a su amigo de juventud. Su libro *El rayo que no cesa* es publicado por Concha Méndez y Manuel Altolaguirre. Estalla la Guerra Civil Española. Se inscribe como voluntario en las Milicias Populares y se desempeña como miliciano de la cultura.

- **1937** – Contrae matrimonio con Josefina Manresa. Escribe y publica su libro *Viento del Pueblo*. Participa en el Congreso de Escritores Anti-fascistas. Publica *Teatro en la guerra* y *Pastor de la muerte*. Viaja a la URSS, en visita oficial, con un grupo de intelectuales españoles. Nace su primer hijo.

- **1938** – Escribe *El hombre acecha*. Muere su primer hijo.

- **1939** – Nace su segundo hijo. Trata de cruzar la frontera para pasar por Huelva a Portugal, tras la victoria del ejército franquista y el cese de la Guerra Civil, pero es entregado por las autoridades portuguesas a la Guardia Civil en Rosal de la Frontera (Huelva). Es retenido en cárceles de Sevilla y Madrid. Desde la cárcel escribe uno de sus poemas más célebres: *Nanas de la cebolla*.

- **1940** – Condenado a pena de muerte por un consejo de guerra. La sentencia es conmutada a treinta años de prisión. Comienza a cumplir su larga sentencia en cárceles de Palencia y Ocaña.

- **1941** – Es trasladado al Reformatorio de Adultos de Alicante. Sufre de tuberculosis y se agrava su estado de salud.

- **28 de marzo de 1942** – Muere en prisión.

LIBROS DE MIGUEL HERNÁNDEZ

PERITO EN LUNAS
(1933)

EL RAYO QUE NO CESA
(1936)

VIENTO DEL PUEBLO
(1937)

EL HOMBRE ACECHA
(1937-1939)

CANCIONERO Y ROMANCERO DE AUSENCIAS
(1938-1941)

ÍNDICE

Esta publicación ha sido posible en parte por el auspicio de la
Agencia Española de Cooperación Iberoamericana para el Desarrollo
(AECID)
Ministerio de Asuntos Exteriores y de Cooperación
Gobierno de España

Esta edición consta de 500 ejemplares.
Impreso en los Estados Unidos de América
Agosto de 2010